CFOのための

吉村壮司・畑中孝介 著

サブスクリプション・ビジネスの実務

中央経済社

推薦の言葉

私が初めて筆者の吉村氏とお会いしたのは2018年12月，以来最新のビジネスモデルとは何か等について幾度も議論を交わし，今日に至っている。特に印象に残っているのは，サブスクリプションは単なる課金ツールではなく，その導入検討の入口において，ビジネスモデルを固定的に捉えてしまいがちな企業文化を見直さなければならず，その手間を怠り，時流に乗り遅れまいと拙速に始めてしまうと，いわゆるサブスクリプション・バレーに陥ってしまい，脱することが困難になってしまう，という話である。つまりマインドセットなしにサブスクリプションを進めること勿れである。

私は1989年に川崎重工業に中途入社し，現地駐在も含め長年中国部門に携わった。その間，営業，調達，現地事業立上げ，資金回収等を高密度（駆けずり回って，と言うほうが正しいかもしれない）に行ったことで幅広い経験を積むことができた。その後，海外総括部門長に就任し，北米，シリコンバレーとの接点が生まれた。そのことから2017年に本社組織内にイノベーション部を立ち上げ，北米を中心としたスタートアップ企業情報や最新のトレンド情報等を収集，今ではグローバルに外部連携を推進している。特にデジタル系企業の多くは最初からサブスクリプション型のビジネスを指向しており，これはややもするとビジネスモデルを大きく変革するトリガーになるかもしれないと認識し始めた矢先に吉村氏と出会ったのである。まさにご縁であり，絶好のタイミングといえよう。

本書はサブスクリプション万歳，サブスクリプションが絶対で唯一という，いわゆる煽り系の書ではない。筆者の経験を通した，極めて冷静な洞察，時には辛辣な表現も散見されるが，これもひとえに成功に向けた建言と思ったほうがよい。冒頭でCFOや財務部門の理解は必須であり，現在の管理会計とは180度異なると言い切っている。財務部門からすれば何ごとかと感じるかもし

ii

れないが，それは至極自然であり，普通であればマーケティング部門，営業部門必読と表現するところである。ではあえてなぜそう言うのか，例えばフリーキャッシュフローと時間価値，ディスカウンテッド・キャッシュフロー評価と加重平均資本コストによるディスカウント等，読み進めるうちにその重要性が理解できるはずである。

　私自身，長くマーケティングや営業に携わってきたが，自社中心発想，つまり独りよがりのマーケティングでは今後のマーケットにおいて成長は望めず，むしろ退場を迫られる可能性が高いと思っている。営業は売ること，売って資金を回収すればそれで良しではなく，顧客に使っていただいているか，使い勝手に対してどうか，使うことで得られる価値は適正か，その改善を続けているか等，短期 P/L を追うより長期キャッシュフローを重視した生涯コンサルティング，コンシェルジェとでもいうべきスタイルになるのであろう。時間の価値がサブスクリプションの醍醐味であり，顧客の幸せの上に成り立つビジネスモデルという点に対し，強い共感を覚える。マーケットは生きもので動的なもの，一方いわゆるプロダクツは静的なものといえるが，この動と静をマッチングさせる，ベストなマッチングを目指し続けるのがサブスクリプションではないだろうか。

　文中のサブスクリプション・エコノミー・インデックス（SEI）のデータによると2012年1月から2019年6月までの7年間でサブスクリプション・ビジネスの収益は350%と驚異的な成長を遂げている。顧客が何らかのコトやサービスを得るために準備すべきコストが劇的に下がり，かつ柔軟になったことを見事に示している。
　プライシングモデルでは単一，従量，上限付き従量，変動従量，ティア，応用型についてそれぞれの特徴を記してくれている。通常（特に営業や財務の前線部門）は単一型を指向しがちであるが，様々なプライシングモデルを提示し，その特徴を読んでいくことで柔軟な発想を持てるように導いてくれている。サ

ブスクリプションにおいて，プライシングモデルは，無料トライアルかフリーミアムサービスという選択も含め，極めて重要な要素であるので，ややこしいからとか手間がかかるからとして安易に考えないほうがよいということがよくわかる。

　契約後のオペレーションというと，例えば機械設備だとその稼働やメンテナンス等のアフターサービスを指すことが多いが，サブスクリプションに関してはその契約を遂行するための決めごと，ポリシーが重要である。顧客から提示された契約に少しだけ手を加えたもの，標準的な売買契約に少し手を加えたもの，つまり顧客ごとに全く統一性のない，ポリシー不在の契約を結んでしまうとどうなるか。「受注おめでとう，良かったね！」の後が悲惨なことになる。「一夜の夢破れたり」とならないよう留意が必要である。課金のタイミングやERPとの連携，そして動的契約（アップグレード，ダウングレード，オプションサービス追加，休止，更新等）への対応等である。

　サブスクリプションにおける評価を会計上どのようにみるか。管理会計上において従来の損益計算書ではリカーリングをうまく反映することができず，また営業およびマーケティング費用は将来に向けた戦略的な支出であるという点はその要諦を端的に表している。リカーリングゆえの留意点であり，だからこそできるのである。起点はACV，それがMRRそしてARRになり，その中でChurnレートを下げる努力をするのがサブスクリプションの常道である。この中で私はACVとARRに注ぐパワーバランスが非常に重要だと思っている。多少ARRを軽視してでも何とかしてACVを増やそうとする例もあるようだが，私が共感している「顧客の幸せの上に成り立つビジネスモデル」という根幹からするとARRを重視し，その余力をACVに注ぐという発想が正しいと思っている。

　サブスクリプションに関する書物の多くは海外，特に米国視点のものが多い

が，ケーススタディを読んでいただければわかるように，日本の街中のフルーツ店や居酒屋の事例等が記載されており，本書は日本を前提にした大小規模を問わない網羅的かつ実務的な解説書である。また同時に，冒頭に述べた企業文化を見直すトリガーにもなりうる書ともいえる。

　サブスクリプションを検討されている方，ビジネスモデルを見直したいと考えている方，価値とは何だろうとモヤモヤしている方も含めて本書は必読であり，もしかするとその後の人生観を変えるインパクトがあるともいえよう。

川崎重工業株式会社

顧問　企画本部 兼 マーケティング本部

野田　真

はじめに

　昨今，あらゆる産業でサブスクリプション・ビジネスが急速に拡がりをみせている。この大きな要因の1つは，消費者の価値観が大きく変化したことである。「所有」が価値を持つ時代から「利用」が価値を持つ時代へ，そして「体験」が価値を持つ時代へと変化した。

　例えば，自動車産業をみてみると世界的に販売台数は減少する一方で，走行距離は劇的に増加している。これは消費者が自動車を所有することから，レンタカーなどの利用にシフトし，より必要な時に簡単に体験できるカーシェアリングなどが普及しているからである。宿泊業界では，自ら資産を持たない民泊サービスの Airbnb が創業100年を超える世界最大級ホテルチェーンであるヒルトンの売上に迫る事象が起きている。これは Airbnb が提供する格安ルームシェアから豪邸，山小屋といったユニークな宿泊体験を望み，利用する消費者が世界中で増えていることにある。さらに，IT 産業では，2006年にクラウドコンピューティングという言葉が誕生してから15年後の今，新たに提供されるサービスのほぼすべてがクラウドサービスである。もはや IT 資産を所有するのではなく利用することは当たり前，そして利用した結果の価値に対して対価を支払うのである。

　このような消費者の価値観の変化を捉え，消費者に対して価値ある体験を長期的に提供し続けることで安定的かつ持続的に成長可能な収益を生み出すビジネスモデルであるサブスクリプション・ビジネスが急速に拡大しているのである。

　そして，2020年に突如猛威を振るった新型コロナウイルス感染症は，消費者の価値観を180度変えてしまった。1年後の個人収入や法人収益を予測することが難しい時代には高額な物を所有することのリスクは高まり，変化する状況に応じて柔軟に利用できるサービスへと加速度的に価値観がシフトしていくであろう。

　サブスクリプション・ビジネス分野の世界第一人者である米国ズオラ（Zu-ora）社の創業者ティエン・ツォ（Tien Tzuo）は，「産業革命以後，見られなかった転換である。一言でいえば，世界の中心が製品からサービスに移行しつつあるということだ」と述べている[1]。

　つまり，従来，我々が当たり前のビジネスモデルと考えていた，他社と差別化されたヒット商品を作り，できるだけ多くの流通チャネルを経由して効率的に多くの商品を単発で“販売”することで収益を増やすという大量生産・大量消費型のビジネスモデルは終焉を迎えつつあるのである。そのことは，SDGs（Sustainable Development Goals）の潮流とも合致している。

　その一方で，特定の消費者のウォンツ（欲求）とニーズ（必要性）に着目し，そこに向けて継続的な価値をもたらすサービスを創造することで，不確実な時代においても定期収益をもたらすビジネス構造であるサブスクリプション・ビジネスの時代が幕を開けたのである。

　この変化に対して，若き経営者はそんなことは当たり前と考える。しかし，長きにわたり従来のビジネスモデルの中で数々の栄冠と成功を手にしてきた人ほど，にわかに信じがたい，むしろ信じたくないと感じているように思われる。

　なぜなら，ビジネスモデルの変革とは，つまり従来の「儲ける仕組み」を根本から変革することである。今まで長い年月をかけて築き上げてきたプロダクト開発手法，マス・マーケティング戦略，代理店などの商流，営業手法，業務を支えるシステム群，そして財務経理の収益管理にいたるすべてのバリューチェーンを抜本的に変革させる必要があるが，硬直した組織と前例踏襲主義型の歴史ある日本企業ほど変革は困難であろう。実際，多くの企業では，従来のプロダクト販売モデルの延長線上でサブスクリプション・モデルを実現しようとしてしまい，単に製品価格を月額按分して課金するといった付け焼き刃的なビジネスをした結果，失敗を繰り返している。

　このような失敗をしないためにも，まずはプロダクト販売モデルとサブスク

（1）　ティエン・ツォ，ゲイブ・ワイザート『サブスクリプション：「顧客の成功」が収益を生む新時代のビジネスモデル』（ダイヤモンド社，2018年）3頁。

リプション・モデルは全く異なるビジネスモデルであるという認識をしたうえで適切に変革していくことが重要である。

　欧米では，アップルやアドビそしてウォルト・ディズニーなど，サブスクリプション・ビジネスへの変革を成功させる企業が非常に多い。この成功要因は多岐にわたるが，その1つに，CFOを中心とする財務経理部門や税理士・公認会計士など外部機関の積極的関与がある。彼らは，サブスクリプションのビジネス計画段階から積極的に関与し，新しい収益管理方法，成否を分ける重要なプライシング戦略，そして組織再編スキームなど，新たなサブスクリプション・ビジネスに対して的確な洞察をビジネス部門や経営陣に提供している。

　前述のようにサブスクリプション・ビジネスと従来のプロダクト販売ビジネスは全く異なるビジネスモデルであるため，同じ事業体の中で2つのビジネスモデルが同居することは非常に難しい。そのため，サブスクリプション・ビジネスを従来とは別組織で運営することで，全く異なるビジネスモデルを素早く立ち上げることができる。このような組織再編やタックススキームなどをいかに活用するかも，成功するために重要な要素になる。

　一方，日本ではどうだろうか。一部のベンチャー企業を除いてサブスクリプション・ビジネス変革の担い手は，新規事業推進部門などのビジネス部門が中心で，財務経理部門や外部支援機関が積極的に関与する姿をみることは非常に少ない。また関与したとしても，経理処理や収益管理が煩雑になるという理由から単なる割賦販売を推奨したり，短期的な損益計算書（PL）ベースの視点でサブスクリプション・ビジネスを過小評価したりと，変革に対してネガティブな考えを持つ方が多いように感じる。つまり，サブスクリプション・ビジネスが持つ本源的な価値である**「長期にわたる将来キャッシュフローの最大化」**というコンセプトへの理解が不足している。PLに過度に縛られ，短期的な収益を重視するあまり，長期的な収益や時間軸の視点が欠け，必要十分な投資を行うことができていないという問題から抜け出せない。その結果，サブスクリプション・バレーともいうべき深い谷に落ち，這い上がれないケースが多い。

　しかし本質的に求められるべきは，短期的な利益を犠牲にしても，将来キャッシュフローの最大化につながる投資行動の積極的実施なのである。深い谷を一気に超えるための大胆な行動，M&A等の事業買収，設備投資，広告宣伝，システム開発投資等の投資行動である。中長期の成長に対する投資と短期的な業績は必ずしも一致しないため，短期的な損益計算書（PL）の結果に縛られているだけでは，中長期の将来キャッシュフローを最大化するための大胆な投資・変革は望めないのである。特に，サブスクリプション・ビジネスにおいてはその重要性は非常に高い。投資行動を小出しにしたりしていると，深い谷（サブスクリプション・バレー）にあっさりと落ちてしまうのである。

　従来の短期指標であるPLに縛られることなく，大胆な投資，M&A，DX等の実施による中長期におけるキャッシュフローの最大化こそが重要であり，そのためにEBITDA，ROIC，FCF等の経営指標によりコントロールしていき，タックスプランニングもグループ全体での視点により最適なタックス・ストラテジーをグループ全体で立案していくとともに，グループ全体でのキャッシュフローの最大化を目指し，理想のグループ経営の形態に向け，分社化・持株会社化等の組織のダイナミックな再編が必要な時期に来ているといえる。

　逆にいうと，もし，財務経理部門や外部支援機関の皆様がサブスクリプション・ビジネスの考え方や収益管理方法を正しく理解し，ビジネス部門や経営陣に対してビジネスプランや投資判断そして組織再編などを含めて的確な洞察を与えることができれば，日本でも多くの変革の成功事例が生まれるのではないだろうか。また失敗を未然に防ぐこともできるのではないだろうか。

　そのような背景を踏まえ，本書では第1部でサブスクリプション・エコノミーの解説を行ったうえで，プライシングモデルやオペレーション手法，管理会計や投資家への開示例も含めたビジネス計画上のポイントの解説をしている。

　第2部ではサブスクリプション・ビジネスにおける会計の基礎だけではなく，サブスクリプション・ビジネス特有の会計処理について言及している。また，税務についても一般論としての組織再編税制や連結納税制度等の解説だけではなく，サブスクリプション・ビジネス特有のタックス・ストラテジーの考え方

や具体的な活用例についても解説するよう試みた。

　そして終章では，DX 時代に日本でも成長企業が次々と生まれ，成長を加速するきっかけ作りのために，サブスクリプション・ビジネスを所管する財務担当者，いわばサブスクリプション CFO がどのような役割を果たすべきなのかをまとめとして提言させていただいた。

　本著が，アフターコロナのニューノーマル時代を生き抜くためにも，今こそ，財務経理部門や税理士・公認会計士そして金融機関などに携わる皆様の中で 1 人でも多くの方がビジネスモデル変革の担い手として，「はじめの一歩」を踏み出し，サブスクリプション・バレーを超える企業が生まれ，企業の成長が加速するきっかけになれば幸いである。

　最後に，推薦の言葉をご寄稿いただき，かつ本書の執筆にあたり多くの助言を与えていただいた野田真氏，本書のコンセプト作りやディスカッションに多大なる協力をいただいた，石黒崇利氏，菊地宏尚氏，柳堀泰志氏，そして，企画から編集まで根気づよく我々を導いていただいた中央経済社の土生健人氏に深く感謝申し上げる。

2021年 8 月

著　　者

目　次

第1部　サブスクリプションのビジネスモデル

第 2 部　サブスクリプション・ビジネスの会計・税務・組織再編

第1部

サブスクリプションの
ビジネスモデル

第 1 章

サブスクリプション・エコノミーの拡がり

01　サブスクリプション・エコノミーとは？

　定期収益をベースとするビジネスモデルは何も新しいものではなく，新聞，電気・ガス・電話，会員制サービスなどの業界では100年以上も昔から当たり前のものであった。彼らは定期的に顧客へサービスを提供し，その購読料や利用料という対価を受け取ることで，安定的な収益を上げることに成功してきた。

　それでは，近年注目されるサブスクリプションと何が違うのだろうか。それは，「デジタル」の急速な進化であり，今日のサブスクリプションの多くは「デジタル」で届けられ，その過程で膨大な量のデータが生成される点である。

　紙の新聞でたとえると，紙を毎朝顧客に届けるビジネスに必要なデータは配送先の氏名，住所そして配達記録程度である。新聞社からすると日々良い記事を書き，多くの販売店を通じて1人でも新聞という製品の契約が増えさえすればよくて，誰が買っているのか，どんな記事に興味があるのか，どんなニーズがあるのかは，さほど気にしなくてもよかった。

　一方，デジタル新聞になると，氏名・住所に加えてクレジット情報，料金プラン，利用状況，実際に閲覧した記事情報などの膨大なデータを取得することになる。つまり，顧客1人ひとりの興味（例えば，経済，政治，地域情報，ス

ポーツ，証券など）や嗜好（特に興味がある企業や国，ひいきにするスポーツチームや選手など）が手にとるようにわかるようになる。このように顧客について多く知る企業ほど顧客のニーズを満たすことができ，長期的に価値のある関係を顧客と結ぶことができる。このように今日のサブスクリプションの中心的な文脈は，単に定期収益を上げるという従来の考え方ではなく，デジタルの進化とともに「製品中心から顧客中心にシフト」していくことである。

「サブスクリプション・エコノミー」という言葉の提唱者は，サブスクリプション・プラットフォームで世界を牽引する米国ズオラ（Zuora）社の創業者ティエン・ツォ（Tien Tzuo）である。彼は，「製品中心から顧客中心へ──この組織的マインドセットの移行こそ，私がサブスクリプション・エコノミーと呼ぶものだ」と述べている。また，彼はこのように予言している[1]。

　「大きな変化が起ころうとしている。今後5年から10年のうちに顧客を理解できなければ，その企業は立ち行かなくなる。」

　小規模なスタートアップ企業が巨大企業の鼻を明かしているが，それができる理由は，彼らが「誰に売っているかを知っている」という単純な理由によるものであり，誰もが80兆ドルの経済に手が届くところにいる。長寿企業は顧客に従う企業であり，顧客を従わせようとする企業ではない。顧客と直接つながり，顧客が何を欲しがっており，それをどんな方法で入手したがっているかを知る企業は，独りよがりの製品を作って，顧客に売りつけることに時間と労力を費やしている企業より，はるかに素晴らしい成果を挙げるだろう。

　再度述べるが，サブスクリプション・エコノミーとは，**製品中心から顧客中心への組織的マインドセットの移行**である。この考え方こそがサブスクリプション・ビジネスが成功するか失敗するかの最初の分岐点であることを，ぜひご理解いただきたい。

　筆者も様々な企業のサブスクリプション・ビジネス企画をみてきたが，残念

（1）　ティエン・ツォ，ゲイブ・ワイザート『サブスクリプション：「顧客の成功」が収益を生む新時代のビジネスモデル』（ダイヤモンド社，2018年）38頁。

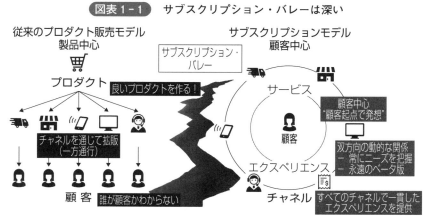

図表 1 - 1　サブスクリプション・バレーは深い

（出所：ティエン・ツォ，ゲイブ・ワイザート『サブスクリプション：「顧客の成功」が収益を生む新時代のビジネスモデル』（ダイヤモンド社，2018年）37頁を参考に筆者作成）

ながらデジタルを活用した顧客と直接つながる仕組みもなく，当然顧客の声なき声を把握する術もなく，一方的な製品中心のビジネス企画がまだまだ多い。ぜひビジネスやサービスを企画する際は，この**図表 1 - 1**に常に立ち返り，製品中心になっていないか，顧客中心のサービスになっているかを点検しながら，自社のサブスクリプション・ビジネスを企画することをおすすめしたい。また，財務経理部門や外部支援機関の方が関与する場合も，事業部門が作成した事業計画が顧客中心のモデルになっているかチェックをお願いしたい。

◎❷ サブスクリプション・ビジネスは成長しているのか？

　実際のところ，サブスクリプション・ビジネスはどれほど成長しているのだろうか。ズオラ（Zuora）社が顧客企業に提供しているサブスクリプション・プラットフォーム上で生成，集約，匿名化された世界数百社のデータをもとに，2012年 1 月から継続的に調査しているサブスクリプション・エコノミー・インデックス（SEI）の統計情報（2019年 6 月末）からみていこう。この SEI は，サブスクリプション・ビジネスを統合的に，そして業界別の成長を定量的に明

らかにすることを目的としたものである。

(1)　過去7年間で350%以上の飛躍的成長

　全体としてSEIは，2012年1月1日から2019年6月30日までの期間，年率換算でみるとサブスクリプション・ビジネスの収益がS&P500の成長率（3.6％）に対し，約5倍の速さで成長していることを明らかにした（**図表1-2**）。

　また，SEI対象企業の顧客獲得率は平均で年間15.4％伸長しており，サブスクリプションの収益成長率は18.2％であった。ここから，新規顧客獲得による成長に加えて，既存顧客当たり平均単価も増加していることが理解できる。

図表1-2　SEIの推移―全体

(2)　IoTサービス

　IoTインデックスには，医療，テクノロジー，エネルギー，運輸，建設といった複数の業界が幅広く混在している。共通しているのは，物流ロボットや医療機器などのコネクテッドハードウエアをベースとしたデジタルサービスを提供していることである。

　ここでもS&P500の同業界と比較して5倍もの収益を生み出している。特徴的なことは，顧客当たり平均単価（ARPA（Average Revenue per Account））

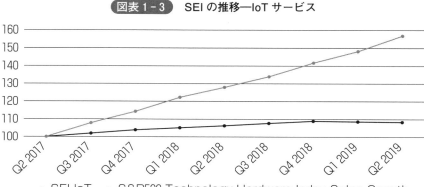

図表 1 - 3 SEI の推移―IoT サービス

の成長率が SEI 平均の 2 倍と高いことにある。その背景には，デジタルサービスやコネクテッドハードウエアに付随するアドオンやアップセルなど，顧客単価を上げる機会があると考えられる。

(3) 製造業

　製造インデックスには，制作サービス，業界特有のソフトウエアプロバイダー，工業デザイン，重機，工具製造などが分類される。このインデックスでも S&P500 の同業企業と比べて 5 倍以上の収益成長率を実現している。その背

図表 1 - 4 SEI の推移―製造業

景として，何千ものメーカーが，スタンドアロン型のハードウエアにデジタル
サービスを搭載することで，ハードウエアの価値を高めることに成功し，収益
成長を促進していると考えられる。

(4)　SaaS 業界

　SaaS インデックスには，サブスクリプション契約にてオンライン上のソフ
トウエアにアクセスできるサービスを提供している企業を分類している。SaaS
モデルも企業向けソフトウエア市場においては依然として15％未満と少数派に
属しているものの，インストールタイプや恒久的なライセンスモデルに比べて
2倍のスピードで成長している。

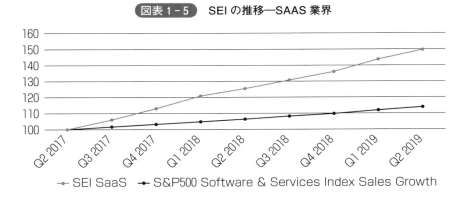

図表1-5　SEI の推移―SAAS 業界

(5)　テレコミュニケーション

　テレコミュニケーション・インデックスには，ビデオ会議，衛星通信，ブ
ロードバンドネットワーク，デジタルインフラ，ファイバーネットワークが分
類される。この業界は引き続き，既存のハードウエアおよびインフラストラク
チャをベースとした新しいサービスモデルから利益を創出しており，S&P500
の同業者と比較して3倍もの成長を実現している。これらの業界は，このコロ
ナ禍におけるテレワークなどの急速なニーズ変化に対応する形で急激に成長し

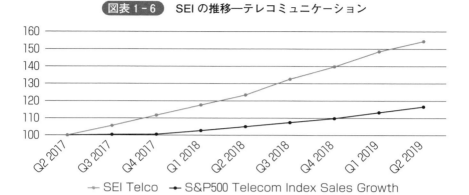

図表1-6 SEI の推移—テレコミュニケーション

ている。

⑹ アジア太平洋地域

　アジア太平洋（APAC）地域は，オーストラリア，ニュージーランド，および日本のサブスクリプションベースの企業で構成されている。APAC 地域においても，この地域の主要な株式指標の企業の売上成長よりもはるかに速いペースで成長している。ちなみに北米や欧州では，APAC を上回る3倍以上のスピードで成長している。

図表1-7 SEI の推移—アジア太平洋地域

　これらの調査結果からもわかるとおり，サブスクリプション・ビジネスはあらゆる地域，業種業界において高い売上成長率を実現していることが読み取れる。ただし，この結果はコロナ禍の影響を受ける以前の統計であり，影響を受けた後にどのような変化があったかは，後に触れていきたい。

　ちなみに，日本国内のサブスクリプション市場調査はどうだろうか。矢野経済研究所が2020年 4 月に発表した日本国内の消費者（BtoC）向けサブスクリプション・サービス市場規模調査によると，2019年度は6,835億2,900万円（※2020年度は8,759億6,000万円）であり，2024年度には 1 兆2,000億円を超える予測を発表している。これに事業者（BtoB）向けのソフトウエアや IoT などのコネクテッドサービスに関するサブスクリプション・サービス売上を加味すると，さらに大きな市場になることが予測される。

⓪③ COVID-19の影響

　2020年に突如として現れ，猛威を振るい続けている新型コロナウイルス感染症（COVID-19）は，世界中の人々の価値観や行動に大きな影響を及ぼしている。その影響はあらゆる社会，あらゆる産業そして，あらゆるビジネスに急速な変化を迫っている。我々は過去からの延長線上ではなく，アフターコロナ時代の“新しい日常（ニューノーマル）”に向けて，大胆かつ迅速的に変化（を）しなければならない。

　では，新型コロナウイルス感染症の影響は，サブスクリプション・ビジネスにどのような影響を及ぼしたのであろうか。実際にパンデミック後の 3 ヶ月間（2020年 3 月〜 5 月末）を直前12ヶ月間（2019年 2 月〜2020年 2 月）と比較した Zuora（ズオラ社）の調査データをみていこう（https://www.zuora.com/resource/subscription-impact-report-covid-19-edition-japanese-version/）。

　2020年の第 1 四半期では，S&P500企業の売買契約数が年率マイナス1.9％だったのに対し，サブスクリプション・ビジネスの収益は9.5％もの成長を持続しており，この世界的な危機の渦中においても引き続き従来型のビジネスモ

図表1-8　サブスクリプション・ビジネスの成長の内訳

◆成長が加速
OTT ビデオストリーミング,
デジタルニュースおよびメディア, e ラーニング

◆限定的な影響
一般ソフトウェア, 通信ソフトウェア,
テレコム / ユーティリティ, 小規模事業向けソフトウェア

◆成長が減速
一般消費者向け会員サービス, 情報サービス,
一般消費者向け IoT, 法人向け IoT

◆マイナス成長
旅行 / ホスピタリティ, 不動産

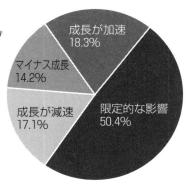

デルを凌駕している。

　サブスクリプション・ビジネス企業の成長に関する内訳をみてみると, 50%の企業が新規ビジネス成長において限定的な影響にとどまっており, 17%の企業が成長は減速したものの成長を継続, そして18%の企業がこのコロナ禍において成長が加速していると回答している。全体では85%の企業がコロナ禍において成長したという。

　業界別にみると, OTT (Over The Top) と呼ばれるインターネットを通じて提供するビデオや音楽配信[2], デジタルニュースなどの消費者向けサブスクリプションの成長が加速したのは, 新型コロナウイルス感染症拡大に伴う緊急事態宣言の発出により, 人々が自宅で過ごす時間が増える中で新規契約数が増加したことによるものであろう。サブスクリプションの文脈で特筆すべきは, 限定的な影響を受けたと回答したソフトウエアやテレコムサービス, そして成長が減速したと回答した IoT サービスなどの BtoB 向けサービスにおいても, コロナ禍の中で成長を続けたことにある。

　緊急事態宣言下において, 新規顧客を獲得するための法人向け営業行為は以

（2）　動画共有サイトの YouTube（ユーチューブ）や動画配信サービスの Hulu（フールー）, Netflix（ネットフリックス）, 無料通信アプリの LINE（ライン）などが代表例だ。

前と比べてかなり制限せざるを得ない中で，彼らはなぜ成長を継続することができたのであろうか。

それは，既存顧客から得る契約当たりの平均収益が増加したためである。つまり既存の顧客が現在利用しているサブスクリプション・サービスに対して価値を感じており，その利用を増加させているのだ。特に，IoTサービスでは，コロナ禍以前に比べて契約1件当たりの大幅な収益成長を実現している。

従来の製品単発販売型であれば，追加で製品を販売するか新たに保守契約に加入してもらうことでしか売上を増加させることはできないが，IoTサービスとして提供する企業は，顧客の利用量が増えることによる従量課金や，より付加価値の高いオプション機能を追加契約することによるアップセルなどの契約変更により，顧客との契約当たりの単価を上げることができるのである。まさにサブスクリプション・ビジネスが効果を発揮したといえる。また，マイナス成長に陥ったと回答した旅行や不動産などのサブスクリプション・ビジネスも，急速にパンデミック以前の収益率に回復しつつあるようだ。

以上，みてきたようにサブスクリプション・ビジネスは不確実な時代における適応力，回復力，収益力の点においても非常に優位に働く可能性があることがわかると思う。

新しい日常（ニューノーマル）時代においては，今回のような危機が今後も引き続き起きることを前提にビジネス設計をする必要がある。その1つの選択肢として，サブスクリプション・ビジネスは検討に値するのではないだろうか。逆にいうと，このような消費者の価値観も含めた大転換の時代においては，既存ビジネスや前例踏襲を廃し，新たな改革を進めやすい時期であると考える。

04 製造業のデジタルトランスフォーメーション

(1) BtoC向けサービス

製造業のサブスクリプション・ビジネスへの変革は，産業革命以来100年以

上にわたり続いてきた製造業を頂点とする産業構造と競争優位が一変しつつあることを背景に急加速している。彼らは，とにかくヒット商品を作り，大々的なマーケティング広告を打ち，流通・小売を通して1件でも多くの製品を販売することで収益を確保してきた。

しかし，現代のように市場が飽和してくると，製品（モノ）での差別化は難しく，顧客の価値は「利用や体験」に変わっていく。当然「利用や体験」中心になると，顧客に対してサービス型で提供しなければならない。サービス型で提供するためには，顧客の利用状況などの体験データをリアルタイムにとれる仕組みが大前提であり，その技術はハードウエアだけでなく，ソフトウエアなどのデジタル活用が前提になる。おそらく今後，産業構造の頂点に君臨するのは，顧客体験データを大量に持つ「プラットフォーマー」になるだろう。製造業は気づいたらプラットフォーマーにモノだけを提供する下請けになってしまう危機感がある。そのため，各社は必然的にデジタル・トランスフォーメーションを加速させている。特に，自社製品とインターネットを組み合わせたIoTは重要な戦略だ。

実際，IoTが爆発的に普及している。2020年2月にエコノミスト・インテリジェンス・ユニットが"A Step Change in Adoption"という最新のIoTビジネス・インデックスを発表したが，これは一見の価値がある。彼らは世界中の825人の企業経営者にIoT導入戦略についてインタビューを行った。

この指標は2013年に開始され，今回で3回目の改訂となる。IoT導入状況について時系列で把握するのに役立つ。3年前は回答者のほとんどがまだ計画段階であった。しかし，今日，この調査に参加している平均的な企業は，何らかのコネクテッドな製品やサービスを「早期に導入している段階」にあり，この3年でIoTサービスは実証段階を過ぎ，加速的に普及段階へ移行していることがわかる。

つまり，多くの製造業やハードウエア企業は，単純な製品価格の分割請求型のサブスクリプション・モデルという古い考え方から脱却し，彼らは今，IoTを活用した様々なアイデアで持続的に顧客へ価値を提供するべく，製品と接続

されたデジタルサービスを密接に組み合わせながら一体的な価値として提供するというマインドセットへと転換している。そして，そのイノベーションは爆発的に拡大している。

　例えば，ドイツ・フォルクスワーゲン（Volkswagen，VW）社長のヘルベルト・ディース（Herbert Diess）氏は，これからはクルマの価値はソフトウエアが決めるという認識のもと，「我々はクルマメーカーからソフトウエアメーカーに生まれ変わろうとしている」と大転換を発表している。これまで自動車本体の性能と価格で勝負してきた自動車メーカーは，人が「移動」するという体験をサービス型で提供すべく，MaaS（モビリティ・アズ・ア・サービス）によって付加価値の差別化を図ろうとしている。人の「移動」手段は，車だけではなく，様々な公共交通機関や飛行機，電動バイク，自転車，徒歩など多岐にわたる。これらのすべての「移動」を軸にしたプラットフォームを提供し，常に顧客の移動体験を改善し続けるためのサービス拡充を高速に行う企業体が誕生するだろう。

　また，デリバリーピザチェーンのドミノ・ピザはデジタルサービスに積極的な投資を行い，急速にテクノロジー・カンパニーへと変貌を遂げている。今では，収益の70％以上がモバイルや Web 経由であり，フランチャイズオーナーやサプライチェーン向けにデジタル・プラットフォームを提供している。その結果，コロナ禍においても引き続き成長を実現している。一方で，ピザハットを運営する米 NPC インターナショナルが経営破綻に追い込まれた。両社とも新型コロナウイルス感染症の感染拡大という強烈な外部環境の変化を受けたが，明暗を分けた要因の1つがデジタルサービスの差であったといえる。

　これらのように大胆にビジネスの中心を IoT やコネクテッドといったデジタルサービスに転換し成功する企業もある一方で，周りを見渡すと，多くのデジタルサービスにおいて，まだまだ成功とは程遠い状況のものもある。

　例えば，IoT 家電のような BtoC 向けデジタルサービスにおける問題は，新しいデジタルサービスといっても，ハードウエアのオプション機能として単純なモバイルアプリを提供する傾向にある。結局，彼らの目的はあくまで製品を

販売することであり，そのための付加価値としてデジタルサービスをおまけのように提供するという発想である。

　これらのおまけとしてのデジタルサービスは，当然ながら収益の中心になると考えられていないため，開発投資予算は非常に限定的となる。そして，その中で開発されたお粗末なサービスやアプリは，製品を購入した顧客の多くの不満を生み出すことになる。提供側としては，アプリやサービスを無料で提供しているのだから不満を持たないでほしいと考える一方，顧客側は，製品に加えてサービスやアプリによる価値体験を期待して購入しているのであり，アプリやサービスが期待どおりに機能しないことに不満を感じてしまう。そして，これらのアプリやサービスが一向に改善されないとなると，時間とともにその不満は膨れ上がり，製品自体ひいてはメーカーのブランド価値をも毀損する可能性がある。

　現代は，モバイルアプリに対しての評価を，不特定多数のユーザーが自由に書き込むことができる。ぜひ，実際に製造業が提供するアプリ評価をみていただきたい。そこは辛辣な顧客の不満と低い評点のオンパレードである。さらに，これらの不満を書込みという形で表現する顧客はごく一部であり，その裏には不満を抱えたまま無言で利用をやめてしまう大多数の顧客がいるという事実を受け止める必要がある。また，新たに購入する見込み顧客もこれらの評価を参考にすることになり，新たな製品販売にも影響を及ぼす可能性がある。

　最近では，「暮らし」を体験と捉え，ホームセキュリティや見守りサービス，あらゆる家電を対象としたホームオートメーションなどを提供するスマートホームサービスなどが誕生している。今後，コロナ後のニューノーマル時代においては，自宅もオフィスになりうる。快適な「暮らし」と「仕事」の両面の体験を向上させてくれるサービスが数多く誕生することを期待したい。

(2)　BtoB 向けサービス

　では，BtoB 向けのサービスではどうだろうか。彼らは，数千万円～数億円の大型機械に付加する形で，メンテナンス系の IoT で機械の利用状況や故障

の予防保全を目的としたコネクテッドサービスを年間数十万円〜数百万円の金額で提供している。そして，これらのサービスを代理店などの既存の販売チャネルにおいて販売してしまう。これらのサービスは顧客にとって価値あるものであるが，既存の販売チャネルの多くは，どうしても短期的に大きな収益を得られる機械の単体販売に注力してしまい，顧客に価値あるコネクテッドサービスなどを積極的に販売する意識が高まらない。

　また，機械のようにスペックが明らかな「モノ」とは異なり，目に見えない「サービス」を販売するには顧客価値を理解して検証するプロセスなどが必要になるため，販売そのものが難しいことも要因にある。その結果，価格交渉の道具として無料利用などという形で契約してしまい，無料利用であるがゆえにサポートもなく，ただ契約したままで利用されることのない，もったいないサービスが誕生してしまう。

　これらの問題の共通点は，ビジネスの中心を“製品”に据え続けていること，そのため，既存の組織構造や商流といった従来のビジネスの延長線上でデジタルサービスを提供していることにある。

　これらの問題に対していくつもの成功企業の事例からみえてくる代替案として，**“サブスクリプションベースのデジタルサービスを普及させる専門的な別のビジネスユニットを検討すべきである”** ことを提案したい。

　成功している IoT 企業の多くは，機械の単体販売ではなく，定期的な収益と利用量の増加に応じた追加収益を目的とした専用のサブスクリプション販売チームを結成している。このチームは，代理店などの販売チャネルが機械を販売した後に入ってくる。そして，それぞれの顧客の価値を理解し，その価値を顧客とともに検証したうえで，新たにサブスクリプション契約を締結する。その後，カスタマーサポートチームを中心に顧客ニーズの変化を把握し続け，その価値を高め続けることで顧客と持続的な関係を築き，さらに顧客がサービス利用量を増やしたり，オプションサービスやプレミアムサービスに契約変更することで，収益をさらに高めていく。このように，彼らはコンサルタントや戦略家のような立ち位置で，新しい販売サイクルを実行していく。

—メーカー側のメリット
・　顧客と直接つながり，持続的な関係構築をすることができる
・　顧客ニーズを常に把握することで高速な改善や新たなサービス開発に寄与できる
・　安定的なサブスクリプション収益を生み出すことができる

—代理店などの販売チャネル側のメリット
・　販売先顧客の満足度が高まる
・　利用拡大により，機械の追加販売やリプレース販売の可能性が高まる
・　顧客ニーズをメーカー側から得ることができる
・　定期課金や従量課金といった煩雑な請求計算をメーカー側で対応してもらえる
・　場合によっては，メーカー側からサブスクリプション収益に対してキックバックを得ることができる

　以上のように，要約すると，ハードウエア企業であれば，IoT サービスを単なるおまけのように扱うべきではない。顧客と自社，そして販売代理店の三方において満足するデジタルサービスを成功させるためには，サブスクリプション・ビジネスを進める専門的な別ユニットを組織化し，顧客満足度と持続的関係による定期収益を軸とした KPI を与える必要がある。ぜひ，IoT チームに自律性と柔軟性を与えていただきたい。そうすれば，彼らと顧客そして販売代理店はあなたに感謝するだろう。

| ケース① | 商店街の老舗フルーツ店　カワムラフルーツのケース |

老舗フルーツ店は世界最大級の IT 企業をいかにして顧客にしたのか

　サブスクリプション・ビジネスは，音楽動画配信や IoT などのデジタル業界に限った話ではない。あらゆる業界，そしてあらゆる企業規模で拡がりを見せている。

　東京都世田谷区経堂の経堂農大通り商店街の一角に長きにわたり地域を支えてきたカワムラフルーツという個人商店がある。屋号の歴史は100年を超える老舗フルーツ店である。この3代目の川村昌義氏にサブスクリプションの取組みを聞いた。

1　なぜフルーツ店でサブスクリプションを始めようと思ったのか？

　遡ること10数年前，川村氏が学生時代の夏休み。父親の手伝いで1ヶ月間，店頭に立ち，仕入れや棚卸しそして原価管理を体験した。その時に，わかった事実。それは，くだものの特性上，保存がきかない生モノなので余ったら廃棄，しかし店頭には豊富な品揃えを用意しなければお客さんは来ない。そのため，仕入れは減らせない。結局，廃棄が増える。

　それから10年後に川村氏はズオラ（Zuora）社に入社し，日本代表の桑野順一郎氏と出会うことで，ストック型ビジネスの奥深さとサブスクリプション・ビジネスによって世の中が変わっていくことを知った。

　特に，Graze（グレーズ）というイギリス発の会社のケースに衝撃を受けた。彼らは，健康的なお菓子をサブスクリプションで提供し，巨額のマーケティングコストをかけずに急速にグローバル展開していたのだ。しかも，驚くべきことに彼らは，顧客1人ひとりがどんなお菓子を望んでいるかといったニーズを把握し続けており，その結果，諸悪の根元である「在庫」をほぼ持っていない。

　ここで川村氏はピンときた。諸悪の根元の在庫を持たない，仮に一時的に持ったとしても定期的に出て行きさえすればよいと。定期契約，つまりサブスクリプションだと。

2　どんなサブスクリプションを提供するか考えてみた

　サブスクリプションを始めることは決めたものの，個人店カワムラフルーツは大型のフルーツパーラーのようにブランド力も大型顧客も持っていない。個人向けに販売しようとしても数あるインターネット販売と比べたら勝ち目がない。勝ち筋を考えた結果が「法人向け」だ。なぜか。法人では，働き方改革に取り組む一環でオフィス環境をより良くしていこうという動きが日本でも起き始めている。川村氏は，アメリカ企業での勤務経験もあり，そのオフィスには必ずドリンク，お菓子，そしてフルーツが設置されていることを知っていた。日本でもイノベーティブな会社を中心として，健康的なフルーツを定期的に届けてくれるニーズが高まるだろう。さらに，発注する企業側からすると従業員満足のためにも，単品のフルーツではなく，季節による旬なフルーツや隠れた特産品などが選別された盛り合わせの定期便を望むに違いない。

　このようなニーズを想定して，サブスクリプション・ビジネスの企画やホームページなどの制作に着手した。ポイントは，色々と考えるよりもまずはやってみて，顧客のニーズと相違があれば徐々に改善していけばよいというリーンスタートアップのように取り組むことである。つまり，はじめの一歩を踏み出すか出さないか，それだけだ。

3　サービス開始後にどうなったのか？

　まず世界最大級の外資系 IT 企業の日本法人に話を持ちかけたら，「いいじゃないですか！」との言葉とともに最初のサブスクリプション顧客になった。そのほか，誰もが知る大手企業などとも取引が始まろうとしている。

　顧客にとってのメリットは，まさに川村氏が予想したとおり，より良い職場環境と社員の健康促進に向けて，健康的かつプロが目利きした旬の美味しいフルーツ盛り合わせが定期的に届くことで，従業員のモチベーションと生産性向上につながるということだ。さらに，カワムラフルーツでは，まず無料トライアルで試してもらい，アンケートを取得する仕組みがあるため，従業員に人気のフルーツが何かを企業の発注者側とカワムラフルーツの両者で共有し，継続的に従業員ニーズにマッチしたフルーツ盛り合わせを提供できるようにサービスを改善することができる。そして，単に従業員ニーズに寄せていくだけでなく，店主の目利きによる隠れた特産

品も盛り込むことで，従業員に驚きと新たな発見という毎月の楽しみも感じてもらうことができる。

　一方，カワムラフルーツからすると，商店街の一角にある個人フルーツ店がサブスクリプション・ビジネスにより，予想もしなかった大きな販路を拡大することができた。しかも定期的な収益をもたらすだけではなく，将来にわたって毎月お届けする種類や量が予測可能であるため，余計な在庫を持つリスクもなくなった。さらに，実際に仕入れを担当する店主である川村氏の父親も，顧客により満足してもらい続けるためにも，イキイキしながら一層仕入れの目利きに力を注ぐようになった。そして，顧客の従業員が増えると，発注量も自然と増やすことができる。

4　まとめ

　最後に，このインタビューを実施した筆者の感想を述べさせていただく。

⑴　個人店のような小規模企業のほうがサブスクリプションに適している？

　サブスクリプションは何も大企業に特化したビジネスモデルではなく，個人店のような小規模企業でも成功させることはできる。ある意味，何万社の顧客がいなくても，10社20社の定期顧客さえいれば個人店としては事業を成り立たせるうえで十分な収益と在庫圧縮の効果があるからである。もしかすると顧客との距離が近い個人商店や中小企業のほうが，サブスクリプション・ビジネスには適しているのではないだろうか。

⑵　成功の秘訣は「顧客中心」のビジネス設計

　フルーツ定期便というサービスは世の中に数多く存在している。これらのサービスとカワムラフルーツが一線を画しているポイント，それは「顧客中心」のビジネス設計である。

　顧客を「大企業の働き方改革の先導者」と位置づけることで，彼らのニーズは従業員満足度，健康促進，生産性向上などになる。フルーツ盛り合わせは確かに魅力的だが，あくまでフルーツはニーズを満たす手段の1つである。そして，実際のところ自社の従業員がフルーツで喜んでくれるのか。どんなフルーツが好みなのか。もし好みを外すと無駄な発注コストになってしまうという不安が取り除けず，一歩を踏み出せないことはあるだろう。

　カワムラフルーツは顧客中心に考えているため，顧客に下記のような価値を与え

ることができているのである。

① 無料トライアルで従業員の反応を体験できる

② アンケートによって従業員の好みのフルーツを理解できる

③ 定期的に改善されていくため将来も安心して従業員満足を高められる

④ フルーツの目利きのプロに安心して任せることができる

　このように，フルーツという「モノ」を販売するのか，フルーツを通じて働き方改革を実現するサービスという「コト」を販売するのか，ある意味，この「考え方」の違いだけでビジネス設計やその結果が大きく異なるのである。

カワムラフルーツ
東京都世田谷区経堂1-6-8
https://www.nodaistreet.com/shop/64002

| ケース② | こだわりの和酒居酒屋「わ・かく田」の焼酎サブスクリプション事例 |

お客様の「体験」にこだわるサブスクリプションの真髄をみた

　東京都港区大門の一角でマニア垂涎の和酒（日本酒・焼酎・日本産のウイスキー・ワイン・ジン・ウォッカ）と相模湾の新鮮な魚を10年にわたり提供する個人経営の居酒屋がある。

　それが「わ・かく田」である。実に8割のリピーターに支えられた「わ・かく田」は，他店ではなかなか出会えない季節ごとのおすすめの酒や肴といった「モノ」を提供するだけでなく，お客様に素材や酒蔵などの新たな魅力を発見させ，酒の飲み方や選び方などの知識を得る「コト」の提供に強いこだわりを持っている。

　店主の角田貴昭氏に異色のサブスクリプションへの取組みを聞いた。

1　なぜ居酒屋店でサブスクリプションを始めようと思ったのか？

　実は，従前からサブスクリプションという言葉は知っていて，いつかは自分でも
やってみたいと憧れを持ち続けていた。そんな時に突如としてコロナが直撃した。
お店を開けることができない日々も続いた。資金繰りが厳しくなり将来の不安だけ
が増していく辛い時期もあった。ただし，厳しい環境に置かれているのは自分だけ
でなく，蔵元や酒屋も同じである。だとしたら，単にコロナで発生した自分の店の
マイナスを元に戻すだけではなく，「もっと蔵元や酒屋そして同業者など皆で協力
して，皆のマイナスを皆でプラスに転じる"三方よし"のアイデアを実行してみよ
う！」と決意した。

　そんな時に，たまたま焼酎の蔵元さんから，毎週火曜日にオンライン会議ツール
の Zoom を使って，蔵元とお客様が直接つながり，焼酎を飲みながら皆で楽しく

過ごすという企画を持ちかけられた。角田氏の考える「三方よし」のアイデアそのものだった。そこで角田氏は，ひらめいた。単にこの企画にのるだけではなく，さらにお客様に喜んでもらう体験や価値を提供したい。これこそサブスクリプションだ！　「焼酎サブスク」を始めよう，と。

2　焼酎サブスク（SaaS：Shochu as a Service）

　角田氏が発案した「焼酎サブスク」は，月額5,000円で会員となり，蔵元さん達が企画し，毎週火曜日に開催される「SHOCHU'S DAY」に参加できる。その内容は，週替わりで様々な焼酎の蔵元をゲストに迎え，オンラインミーティングの「Zoom」を活用し，リアルタイムに独自のこだわり製法や発酵中の酒蔵のライブ映像，そして秘伝の美味しい焼酎の飲み方などを伝授してくれる。会員は，蔵元から伝授された最高に美味しい焼酎の飲み方を，その場で「リアル体験」することができる。さらにうれしいことに，値段を気にせずに様々な種類の焼酎を飲み放題で楽しむことができる。

　このサービスは「相互援助」のコンセプトである。なぜなら，蔵元は自らのお酒の魅力をお客様にダイレクトに伝えることができる。酒屋はその蔵元のお酒を居酒屋に提供することができる。居酒屋は客入りが少ない火曜日に新規顧客を獲得しリピート客にできる。お客様である会員は蔵元からダイレクトに特別な美味しい飲み方などの情報を得て，今，その場でZoomを見ながら最高の焼酎を「体験」をすることができる。例えば，土瓶であたためた焼酎を，そのままオンザロックのグラスに注いで飲む。全く違う香りを楽しむ初体験をすることができる。

　このサービスは，まさに焼酎の生産から消費者まですべての関係者がネットワークでつながり，相互に満足しながら援助できる仕組みである。

　角田氏は，自分の店だけ得することは不可能だと考えている。なぜなら，単独の居酒屋だけでは，単なる「焼酎飲み放題」といったサービスくらいしか生み出せず，お客様へ提供する「価値」がとても限定されてしまうからである。皆で足並み揃えて考え出したサービスこそが，皆が喜ぶ答えになる。

　そして，このサービスはサブスクリプションなので，一過性なものではない。長きにわたり続けていくことを前提にしている。

　ところで，月額5,000円で毎週火曜日に開催される「SHOCHU'S Day」の焼酎飲み放題サービスだと，会員は最大で月に4，5回も参加することができる。1回当たりにすると1,000円程度の金額で3時間あらゆる銘柄の焼酎が飲み放題になる。そもそも採算はとれるのだろうか。角田氏に聞いてみた。

　角田氏は，100％儲けを考えて高い金額に設定するとハードルが高くなるし，ウケもよくない。かといって赤字覚悟で席を埋める必要もない。そこのちょうどいいボーダーラインを探し求めた結果，月額5,000円になった。なぜなら「わ・かく田」の強みは何といってもこだわりの日本酒であり，そのメインのアイテムである日本酒は対象としていない。そのため焼酎以外にも日本酒をはじめとしたほかの飲み物の追加オーダーの可能性がある。また，和酒だけではなく，和酒の美味しさを最大限に引き出す「料理」も提供している。そのため，お客様は必ず料理も注文してくれるため，ここでも利益の確保が可能である。結果として実際にこのサービスをやっていくうえでのリスクは，ほぼない。10年続けても赤字になることはあり得ない。何よりお客様の反応がすごくよかったと述べる。

　また，会員登録した日が開始日になり，その日から1ヶ月ごとに更新される仕組みであるため，いつでも始めることができる。また，会員が同伴者を連れてきた場合には，1回限り2,000円で提供するなど，お客様視点での仕組みも様々用意されている。

　角田氏はさらに付け加える。今，日本のお酒のブームというと，間違いなく日本酒である。「わ・かく田」は特別な日本酒が飲める店としてぼちぼち人気店になった。ただし，和酒は日本酒だけではない。実際に焼酎ファンも多いし，焼酎やジンなどを含めた和酒全体を盛り上げていきたい。そして，このSHOCHU'S Dayに参加

する居酒屋がどんどん増えてほしい。日本全体で盛り上げたいと。

　なお，角田氏は，取材後の2021年4月に，周辺の約10店舗の飲食店や酒店を巻き込み，共同でのテイクアウト・宅配を行う「大門大宴会デリバリー」を開始し，自社の商品のみでなく周辺の店舗の商品も一括で注文・配送できるサービスもスタートしており，ここにも地域全体を盛り上げたい「相互援助」のコンセプトが表われている。

3　インタビュー後の感想

　「わ・かく田」の店主，角田氏のインタビューを終えて，学ぶべきことは非常に多かった。

　1つは，お客様に提供する価値をとことん掘り下げて考えていることである。和酒や料理（それだけでも十分すぎるほど満足なのだが）といった「モノ」だけではなく，新たな酒の飲み方などの知識を「コト」として体験できるサービスを「価値」として提供している。まさにサブスクリプション・ビジネスの根幹である「顧客中心」の考え方である。飲食店でも月額制で飲み放題や食べ放題といった単なる月額課金型のサブスクリプション・サービスは出てきているが，あくまで「モノ」中心の考え方から脱却できていない。「わ・かく田」の顧客体験を中心に据えたサブスクリプション・サービスはヒントになるだろう。

　もう1つは，蔵元，酒屋，居酒屋，お客様のすべてがネットワークでつながり，「相互援助」できる仕組みである。個人商店だけではヒト・モノ・カネなど様々なリソースの制約があり，実現できるサービスは限られてしまう。「わ・かく田」のサブスクリプション・サービスが提供する価値の1つは，蔵元とお客様が直接つながり，蔵元から教えてもらう特別な情報や飲み方を店主がその場で体験させられることにある。また，同時に蔵元は，普段出会う機会が少ない飲み手の反応を直接その場で聞くことが可能となる。

　Zoomというオンラインミーティングのデジタルツールを活用することで，コストをかけず簡単に遠隔地と直接つながる時代になったことも大きい。このように自社のリソースに限定せず，幅広い業界ネットワークやデジタルサービスを活用することで，他店ではできない体験という価値を提供することができる。何より，関係者のすべてが満足する仕組みを作ることによって一過性ではなく，長きにわたり

サービスを提供し続けることができる。

　このように，サブスクリプション・ビジネスは，音楽動画配信，SaaS，IoT などのデジタル企業や大企業の専売特許ではなく，個人商店の居酒屋でも活用することができるビジネスモデルである。むしろ個人商店のほうが，顧客との直接的な強いつながりを持っているため，顧客中心のサブスクリプションを取り入れやすいのかもしれない。

　コロナ禍で誕生した新たなサブスクリプション・サービス事例をご紹介したが，全国でいまだ苦しむ個人商店・飲食店の方にとって，力強い復活のヒントになれば幸いである。

「わ・かく田」
https://wa-kakuta.owst.jp/
東京都港区芝大門 1 -15- 6　ハイトップビル 2 F
03-6450-1610
「SHOCHU'S DAY」
https://twitter.com/shochusday
「大門大宴会デリバリー（DDD）」
https://deli.daimon-daienkai.com

第 2 章

サブスクリプション・ビジネス計画の チェックポイント
～財務部門こそ，すべてを顧客から始めよ～

　この章では，サブスクリプション・ビジネス計画をチェックするためのポイントを説明する。先述したように特にサブスクリプション・ビジネスにおいては，ビジネス部門とサブスクリプション CFO を中心とした財務経理部門が協力してビジネス計画を立てる必要がある。ここでは，特に財務経理部門が押さえるべき基本的なポイントを中心に紹介する。

◯1　サブスクリプション・ビジネスの考え方（顧客中心）

　ビジネスそのものが，製品中心でなく顧客の価値を中心に設計されているか。また，顧客の価値は時間の経過とともに変化することを理解したうえで，顧客と長期的なリレーションシップを構築する前提に立っているか。この基本的な考え方がそもそも間違っていないかをチェックしていただきたい（**図表 2 - 1**）。

チェックポイント（**考え方編**）
- ☑　顧客価値中心のビジネスモデルになっているか？
- ☑　変化する顧客価値を把握する仕組みがあるか？
- ☑　顧客と長期的関係を築き，中長期的に収益を上げる志向になっているか？

図表2-1　サブスクリプション・バレーは深い（図表1-1再掲）

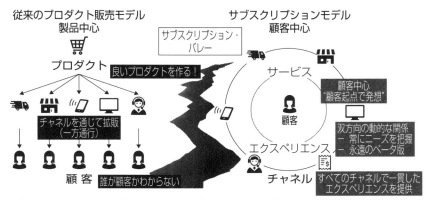

（出所：ティエン・ツォ，ゲイブ・ワイザート『サブスクリプション：「顧客の成功」が収益を生む新時代のビジネスモデル』（ダイヤモンド社，2018年）37頁を参考に筆者作成）

02 収益モデルを表現する（サブスクリプション・ジャーニー）

　サブスクリプション・ビジネスの基本的な収益モデルをシンプルに表現するためにサブスクリプション・ジャーニー（サブスクリプションが成功するまでの道のり）を作成してみる。このジャーニーは非常にシンプルであるが，サブスクリプション・ビジネスを正しく理解できているかを瞬時に測定し，かつ具体的な収益モデルを考えるうえでこれほど役立つものはない。

　作成方法は，シンプルに横軸を時間，縦軸は価格を表す線を引き，その両軸をもとに，1社（1人）の顧客からどのように収益を上げるつもりなのかを記載するだけである。ぜひ，ビジネス部門にサブスクリプション・ジャーニーの

図表2-2　典型的に失敗するサブスクリプション・ジャーニーの例

▶一定の金額が毎月継続的に更新され続ける

作成を依頼していただきたい。一目瞭然でビジネスが失敗するか成功するかの判断ができるだろう。

　図表2-2のような変化のないジャーニーを描くビジネスの多くは，単一のプライシングのみで考えられており，変化する顧客の価値に対して価格をアジャストする意思が全くない。この場合，この価格に満足する顧客は利用し続けるかもしれないが，価格に対する価値を感じられなくなったら即座に解約してしまう。その結果，継続的に収益を上げるビジネスにならず，失敗するケースが多い。

　もし，ビジネス部門が，図表2-3のように凸凹するようなジャーニーを描いた場合は，顧客の価値を十分に理解しており，変化する顧客の価値に対してアジャストすべく複数のサービスやプライシングをあらかじめ考えている。彼らに縦軸と横軸のどちらを重要にしているかと聞くと，横軸つまり時間軸と答える。なぜなら，一度解約されてしまうと，横軸はそれ以上伸びず継続的な収益にならないからである。

　一方で，具体的に顧客の視点でみていくと，新たなサービスの利用を検討する時点で，どれほどの効果があるかわからないサービスの場合，まずはリスクの少ない範囲での利用を望む。そのため，一部機能制限はあるが安価（無料の場合もある）で始められる Basic プランから小さく始める。実際に利用してみた結果，優れた効果を体感し，もっと多くの機能を利用したいと思った場合は，煩わしい手続をせずに，いつでも Gold プランなどの上位版に変更したくなる。

図表2-3　**正しく理解しているサブスクリプション・ジャーニーの例**

さらに利用を続けているとより大きな効果を期待し，利用しているサービスとは別にオプションサービスを追加契約する。そのようにしてサービスの利用範囲を必要なタイミングで段階的に拡大していく。

　ただし，顧客のニーズは常に拡大へと向かうわけではない。例えば，今回のように突如訪れた新型コロナウイルス感染症の影響で事業活動を一時的に停止せざるを得ないといった場合にどうするかという点である。顧客からしてみると，この間には実際にサービスを利用しなくなるため，やむなくサービスを解約することも考える。しかし，ここで「一時休止」というプランを提案された場合は，喜んで受け入れるだろう。なぜなら，事業活動を再開した際には即座にサービスを再開することで，スムースに事業を継続することができるからである。

　また，最近では，サービス提供側が自ら顧客にダウングレードを提案してくることもある。これは，例えば毎月100GBの利用契約に対して実際には30GBしか利用されていない場合において，顧客は新たに割引された30GBプランを提案されたら喜んで契約変更に応じるだろう。そうすることで，顧客のサービス提供者に対する評価が高まり，両者は継続した関係を築くことができるようになる。

　このように，変化する顧客ニーズに対して柔軟にサービスプランやプライスを提供することができるサブスクリプション・サービスこそが，中長期にわたり顧客と良好な関係を構築し，継続的な収益を上げることができるのである。つまり，縦軸（価値）の高さをアジャストしながら横軸（時間）を伸ばすことによって**収益という容量を最大化**すること，それこそがサブスクリプション・ビジネスを収益化させる唯一の方法である。

　従来の収益計算は単価×数量で求めていたが，サブスクリプション・ビジネスにおいては，「**単価×数量×時間**」で求めていくことになる。「**時間**」という**概念を収益モデルに取り入れる**ことで，いかに解約を防止し，1日でも長く利用してもらえるかが重要になる。

　実はこれは，顧客側（買い手側）にとっては当たり前のことであった。彼ら

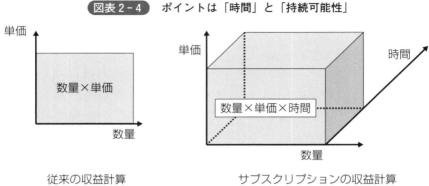

図表 2 - 4　ポイントは「時間」と「持続可能性」

従来の収益計算　　　　　　　　　　　サブスクリプションの収益計算

は買うことがスタートであり，その後，いかに効果的に長く利用するかを志向
する。従来のビジネスでは，売り手は売ることがゴールであり，その時点で収
益を確保することができた。つまり買い手側と売り手側で大きなズレがあった。
単純に考えると，サブスクリプション・ビジネスは，このズレを解消し，顧客
側（買い手側）の志向に収益モデルを合わせるだけである。このように考える
ならば，サブスクリプション・ビジネスというのは，何も新しくて難しいこと
ではなく，**顧客の価値と対価を交換するというビジネス本来の基本に立ち返る
だけなのかもしれない**。

　多くのサブスクリプション・サービスが誕生しているが，このようにサブス
クリプション・ジャーニーを作成してみれば，成功するか，失敗するかは一目
瞭然である。

　もし，あなたの会社のビジネス部門が失敗するジャーニーを描いたのであれ
ば，そのままビジネスプランの検討を進める前に，もう一度，顧客を中心とし
たサービス設計から再考することを強くおすすめする。

03　顧客中心のプライシング戦略

　サブスクリプション・ジャーニーを描けたならば，顧客に対して具体的にど

のようなプライシングプランを提供するかというプライシング戦略を考える段階に進む。このプライシング戦略は，収益モデルを構築するうえで，最も重要な戦略の１つである。多くの方から，実際いくらで設定したらよいかとの相談を受けることもあるが，残念ながら答えはない。なぜなら，サービスレベル，市場環境，競合環境，顧客価値，コスト，営業スタイル…といった様々な複雑な要因によって決定すべきであるからである。

　ただし，従来のプロダクト販売のように一度プライスを決めたら変更しないという考え方ではなく，プライシングも顧客価値に合わせて柔軟に変化させるという考え方を大前提に置くことを忘れずにいていただきたい。つまり，決定したプライシングが当たるか外れるかが重要なのではなく，仮に外れた場合でも，いかに早く，柔軟に適応できるかが，サブスクリプションにおけるプライシング戦略では重要となる。

　その前提を理解したうえで，サブスクリプション・ビジネスの現場では，実際どのようなプライシングパターンがあるのか，またどのように考えたらよいのか，というポイントを紹介する。

04　複数のプライスモデルは必須

　サブスクリプションで成功するためのプライシングを考えるうえで，複数のプライスモデルを考えることが重要である。この際に，あまりに多くの数のモデルを考えるとあなたも顧客も混乱するため，まずは松竹梅のように３つのプライスモデルから検討を開始してみることをおすすめする。そもそもなぜ複数のプライスモデルを持つべきなのであろうか。

　それは，先述のとおり，顧客の価値に対してサービスや価格を適応させることがサブスクリプションで収益化する唯一の方法だからである。もう少し，具体的に収益を上げる方法にフォーカスすると，次の３つを達成することである。

(1)　新規顧客を獲得する

(2)　既存顧客から追加収益を獲得する

(3)　解約を防止する

(1)　**新規顧客を獲得する**

　例えば、「(1)新規顧客を獲得する」方法とプライスの関係から考えてみよう。

　もし、あなたがオンライン英会話のサービス利用を検討しているとして、毎日1時間まで利用し放題で月額6万円のモデルを提案された場合、契約するだろうか。月の利用時間に換算すると30時間利用でき、1日当たりにすると2,000円なので英会話教室に通うよりも安く、時間の自由もきくし、交通費も不要となると契約する方も多いかもしれない。一方で、もし、あなたに海外勤務の辞令が出ていて、この1ヶ月で短期集中的に英会話をマスターしなければならない場合には、毎日4時間くらい利用したいと思うかもしれない。また、仕事が繁忙期になり、平日の1時間をとれるかわからない場合は、土日プランがあれば利用したいかもしれない。

　このように単一プランに限定すると、そのプランと価値がマッチする人は申し込むが、せっかくサービスに興味を持ったのに、プランやプライシングにマッチしない顧客を獲り逃すことになる。

　莫大なマーケティングコストをかけ、大量の訪問者をサービス紹介のWebページへ流入させたにもかかわらず、そこで選択できるプライシングモデルがたった1つしか存在しないがゆえに、サービスに興味はあるがプライシングにマッチしないという理由で多くの訪問者を黙って退出させてしまうという、非常にもったいない事態に陥るケースがある。もし、Webページからの契約率が上がらなくて悩んでいる場合は、Webサイトのデザイン性や広告の改善だけではなく、顧客ニーズに即した複数プライシングの設定についても検討すべきである。

　これを非常に単純な図に表すとわかりやすい。

　たった1つのプライス設定だと、新規に顧客獲得できるセグメントが当然ながら限定されてしまう（**図表2-5**）。

　一方で、複数のプライスプランを用意することで、様々な顧客価値にマッチ

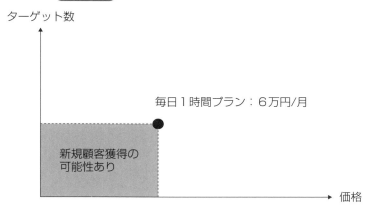

図表2-5　単一プライスと新規顧客の獲得セグメント

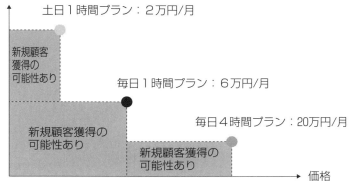

図表2-6　複数プライスで新規顧客セグメント「面積」を最大化する

するセグメントが拡がり，当然ながら新規顧客獲得の可能性が高まる（**図表2 -6**）。

　また，様々なマーケティングの実験によると，購入者は，2つのプランを提示されると安いほうのプランを選択する心理が働くが，3つのプランを用意されると真ん中のプランを選びやすい。

　このように新規顧客を獲得するという観点において，複数のプライスモデル

は効果的である。このプライス設定をするにあたり，潜在顧客とじっくりディスカッションを行い，どのようなサービスレベルを望んでいるのか，いくらぐらいが妥当な価格なのかを十分に調査したうえで，複数のプライスプランを用意し，サービスレベルを設計する必要がある。

　特に製造業では，複数プライスプランを用意するということに慣れていない。例えば，製品に付随する保守サービスについても単一プライスで設定されていることが多い。これだと，頻繁に問い合わせをしてくる手厚いサポートが必要な顧客と，全く手のかからない顧客とが，同じプライス設定になってしまう。だとすると顧客の中には不公平感が生じる可能性もある。そのため，保守サービスも複数プライスプランに変えることを検討してもよいのではないだろうか。

⑵　既存顧客から追加収益を獲得する

　次に，「既存顧客から追加収益を獲得する」という観点と複数プライスプランの関係をみていこう。

　もうおわかりのとおり，複数プランがあれば，上位プランへ変更することで契約金額の増加に寄与できるのである。例えば，土日1時間プランに加入した人がもっと多くの時間を利用したいと思った場合に，毎日1時間プランに変更するパスを用意することができる。また毎日1時間プランの人が短期集中で4時間プランに変更することもある。

　収益面でいうと，実はこの**契約変更**による追加売上こそが利益に対して最も大きなインパクトを及ぼすことになる。なぜならば，新規顧客獲得のためには広告宣伝や営業などの多額の販売コストが必要であるが，既存顧客からの契約変更の販売コストは新規獲得時に比べて圧倒的に少なくて済む。その結果，利益が大きく膨らむことになる。

　よくサブスクリプションで利益が上がらないという悩み相談を受けることがあるが，その要因として，単一のプライスのみの設定で，既存顧客が契約変更することによる追加収益のパスを用意できていないことが多い。従来のプロダクト販売では新規顧客獲得時の収益化が中心であったが，サブスクリプション

では既存顧客からの追加収益率（リテンションレート）が重要となる。

　ただ，顧客にとって，高額なサービスへ自ら契約変更するというのは，若干勇気がいる意思決定である。そのため，より上手に契約変更を促すプライシング戦略が重要になる。これについては後述する。

(3)　解約を防止する

　そして最後に，「解約を防止する」ことと複数プライスの関係である。ここも上位プランへの変更パスがあるのと同じように，下位プランへの変更パスを用意することである。例えば，4 時間プランの人が，海外赴任後は毎日 1 時間の下位プランへ変更するといったことである。

　これはサービス提供側からすると収益が減少するという恐怖感はあるかもしれないが，もし下位プランへの変更パスを用意しなかった場合に待ち受ける結果は，「解約」しかない。解約されると，その後の収益はゼロになるばかりか他社のサービスに乗り換えられることになる。であるならば，下位プランへの変更パスを用意することで，解約を防止することにも取り組むべきである。

　同じように，例えば健康上の問題や災害などのやむを得ない理由で一定期間はサービスを利用できないという顧客には，休止プランのパスを用意することで，解約を防止しつつ，再度サービスを利用できる環境になれば即座に再開することもできるようにしておくことで，顧客満足度も高まる。

　スポーツ動画配信で有名な DAZN もビジネス開始時は，新規加入は順調である一方，どうしてもスポーツというシーズナリティの影響を受けるコンテンツの特性上，解約の多さに悩んでいたが，シーズンオフ中の休止プランを開始することで多くの解約防止に成功し，大幅な収益の改善に貢献した。

　このように，複数のプライスプランを用意することで，サブスクリプション・ビジネスの収益に必要となる(1)新規顧客の獲得，(2)既存顧客からの収益向上，(3)解約防止を実現することが可能になる。それだけこの複数プライスプランは収益に直結する重要な要素となるため，ぜひあなたのサービスでも検討し

ていただきたい。

05　様々なプライシングモデルから最適な選択をしよう

　複数のプライスプランを持つことの重要性についてご理解いただけたならば，いよいよ具体的なプライシングモデルを検討していこう。このプライシングモデルは，あなたが顧客と長期的関係を築き，他社と差別化し，市場を席巻するうえでとても重要な判断となる。そのため，それぞれのプライシングモデルを理解し，自社のサービスにとって最も適したモデルを慎重に見極め，正しい選択をしていただきたい。

(1)　単一定額制モデル

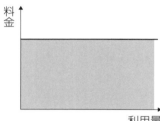

　サービスの利用時間や利用量にかかわらず一定の金額を課金するシンプルなモデル。

①　メリット

　利用者にとっては，非常にシンプルな課金体系であり，定額の費用でサービスが使い放題になるメリットがある。サービス提供者にとっては，契約時に複数年縛りなどの長期契約を結ぶことで，定期的な収益を確約することができる。また，シンプルな課金体系であるため，バックオフィス部門にとっては，複雑な請求計算や経理処理が不要となり，比較的省力化ができることも魅力的である。

② デメリット

　利用者にとっては，契約したボリュームに対して実際の利用量が少ない場合には満足感を得ることができない。例えば，月間10GB の契約をしていたが，実際には３GB しか使用せず，不足分を翌月にも繰り越せないとなると，非常に損をした気分になる。

　サービス提供者にとって最大のデメリットは，収益化することが難しいことである。例えば新規顧客を獲得する場合，固定化された定額金額を高いと感じる見込み顧客をとり逃す。また，定額制の場合は，既存顧客からの追加収益を上げるパスがなく，恒常的に利益がマイナスになりやすい。

③ ポイント

　例えば，利益を度外視し，顧客を抱え込み，提供するサブスクリプションとは別サービスで収益化をするために，魅力的なサービスを定額課金で提供するサービスなどの場合は成立する。

　例えば，Amazon Prime は，わずか月額500円で Prime Video, Music, Reading, Photos などの数多くのサービスが利用できることに加えて，当日お急ぎ便などの特典を受けることができる。この Amazon Prime だけの収益をみるとマイナスだと推測されるが，そのマイナス分以上に Amazon で買い物をする人や買い物の機会が増えることで，彼らは本業の収益を大きく高めることに成功する。

　さらに巧妙なのは，Prime Video をサービスに入れていることである。なぜなら，Amazon の競合はリアル店舗やテレビ通販などであるが，Prime Video の動画視聴サービスの利用者を普及させることによって，利用者からリアル店舗に買い物に行く「時間」を奪い，テレビ通販を見る「時間」をも奪うことができるのである。我々は，音楽を聴きながら買い物に行くことはできても，さすがに Video を見ながら買い物に行くことはできない。

　あくまで私の推測であるが，Amazon の本業とサブスクリプション・サービスの組み合わせとその相乗効果は，非常に戦略的に考えられている。

　そのほか，飲食店の魅力的な定額サービスにより来店機会を確実に増やし，来店時の追加注文で収益化するモデル，また，ニュースや書籍のコンテンツ系では，定額サービス収入に加えて広告収入を得ることで収益化するモデルなど，組み合わせでの収益化という観点で成立しているケースはある。

　ただし，サブスクリプション・ビジネスそのものでの収益化という観点からみると，単一価格の定額制モデルだけで収益化をすることは現実的に難しい。

⑵　従量課金モデル

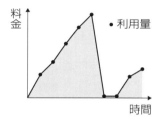

　従量課金モデルは，サービスの利用量に応じて料金が変化する「利用量×単価」で課金するモデル。近年は，コンサンプション（消費）モデルとして提供されるケースも増えてきている。

①　メリット

　特に毎月の利用量が大きく変動する場合において，利用者は，実際に使用した量に相当する料金を支払うため納得感がある。サービス提供者側としては，初期段階の利用コストを最大限に抑えられるという圧倒的なコストメリットを武器にして，新規顧客を急速に拡大することができる。そして，顧客の利用量が増えれば増えるほど，収益を高めることができる。

　例えば，新規開業医を対象にクラウド型の電子カルテを新たに提供する場合，まだ患者数が少ない新規開業医からすると，一括で電子カルテシステムを購入することは予算的にできないが，もし，カルテ数（患者数）に応じた従量課金型での利用を提案されれば，初期コストを抑えつつ，将来の収益と請求が連動

されるため，かなり魅力的に感じるだろう。

②　デメリット

　利用者としては，利用開始時点での少量利用時はメリットを感じるであろう
が，後々になって利用量が増えると青天井で請求金額も増えていくという恐怖
感がある。例えば，IoT のデータ量に対する完全従量課金モデルを契約した場
合，IoT サービス開始時は非常に少額であっても，急激に IoT サービス利用が
拡がった際にはデータ量に比例して請求金額も急激に増加し，コストの予算計
画を遥かに上回る請求に驚き，急遽，追加の予算承認を取得して何とか支払を
することになる。翌月以降もさらに多額の請求になるという恐怖感があるため，
そもそものデータ利用量を減らすという本末転倒な運用を余儀なくされるケー
スもある。

　サービス提供者側としては，サービス提供時点においてキャッシュも売上も
ほぼ発生しない。それでも販売やサービス開発にコストをかける必要があるた
め，相当の財務体力が必要になる。もし，顧客のサービス利用量が増えなけれ
ば，事業が破綻するリスクがある。さらに，利用者が，ある一定の利用量を超
え，請求金額がサービス価値を上回ると感じたその瞬間から，利用量をコント
ロールされたり，解約して他社に切り替えられるリスクが高まってくる。これ
では両社が安心して契約を継続することは難しい。

　また，将来の収益予測が定額制と比較してかなり難しく，想定外の収益減な
どの可能性がある。この完全従量課金モデルは，顧客と長期的な関係を築き，
定期的な収益を積み上げ，将来収益を予測可能にするサブスクリプションの定
期収益モデルとは異なる。

(3)　上限付き従量課金モデル

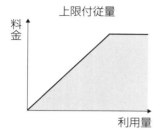

　従量課金モデルに利用料金の上限を設けたプラン。上限に達するまでは利用量に応じた料金を行うが，上限に達したあとは利用量が増えても料金は変わらない課金モデル。

①　メリット

　サービス利用者にとっては，利用初期段階は料金を抑えつつ一定の上限を超えた場合でもあらかじめ決定した料金を支払うだけなので，追加の請求に怯えることもなく，安心して利用量を拡大することができる。サービス提供者側としても，顧客に自社サービスの利用を自主的に拡大してもらえるため，顧客のサービス満足度を高めることができ，解約リスクを減らすことができる。その結果，中長期的に顧客生涯価値（LTV）を高めることに成功するだろう。

②　デメリット

　サービス利用者にとっては，魅力的な課金モデルであるため大きなデメリットはない。一方，サービス提供者側からすると，上限を超えた部分の収益は定額になる一方，上限を超過したサービスについては，実質無料でサービス提供することになる。つまり，サービス提供に必要なコストは自社負担となり，利益を圧迫する可能性が高まる。利益が圧迫されることで，サービス改善コストが削減され，サービス改善のスピードや品質が低下するリスクがある。

(4)　変動型従量課金モデル

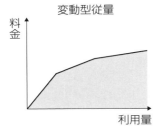

変動型従量

料金

利用量

利用量に対して変動型の単価を設けて料金を算出する課金モデル。利用料金の上限を設定しない代わりに，利用量が増えるに従って段階的に単価が下がっていくため，料金は完全従量課金に比べて緩やかに増えていく傾向となる。

図表 2 − 7　**変動型従量課金モデル　プライスプランイメージ**

	ユーザー数	ユーザー当たり単価
ティア 1	1～50	3,000円
ティア 2	51～100	2,500円
ティア 3	101～300	2,000円

例えば300ユーザーを利用する時点での料金

ティア 1 課金：　50×3,000円＝150,000円
ティア 2 課金：　50×2,500円＝125,000円
ティア 3 課金：200×2,000円＝400,000円

課金額合計	675,000円

①　メリット

利用者にとっては，利用量を増やすほどに単価が減少していくため，完全従量課金に比べて安心して利用量を増やすことができる。サービス提供者にとっても，顧客がサービス利用を増やすという動機を与えつつ，中長期にわたって収益を確保することができる。そのため，継続したサービス改善への投資が可能になる。

②　デメリット

　利用者とサービス提供者の両者にとって WinWin の関係になりやすい課金モデルであるが，あらかじめ複数の変動型単価を設定し，両者納得のうえで契約を締結する必要がある。また，利用量を観測し続け，一定の閾値（しきい）を超えたら変動単価に応じた従量課金を正しく計算し，請求を行う必要がある。

　実際にとある大手メーカーでは，営業担当者が毎月手動で請求計算を行っているが，貴重な数百人にもおよぶ営業担当者の直接時間を間接時間に変えてしまい，さらに請求計算ミスなどにより過剰請求，過小請求などの誤請求対応に追われる場面もあるようである。課金モデルは魅力的だが契約後の後工程が大変になるため，利用量を取得し請求計算から請求・回収までを自動的に行ってくれるシステムを導入するなどの対策が必要になる。

(5)　ティア課金モデル（階段型課金）

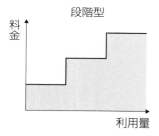

　利用量に応じてあらかじめ契約でコミットした複数の階段型の価格に応じて価格が変動する課金モデル。変動型従量課金は緩やかなカーブになるが，段階型課金は利用量の増加とともに階段上に増加していくモデル。

①　メリット

　利用者にとっては，完全従量課金モデルと異なり，利用量を増やした場合に，一定の階層の間は価格が一定になるメリットがある。また，サービス提供者側としては，利用者が利用量を増やすことへの動機を持たせやすく，一定の段階を超えると比較的大きな追加収益を得ることができる。また，一定の数量の幅

図表 2 - 8　**ティア課金モデル　プライスプランイメージ**

	ユーザー数	定額価格
ティア1	1〜50	150,000円
ティア2	51〜100	250,000円
ティア3	101〜300	600,000円

例えば段階的にユーザー数を30→80→300と増加する場合,
ティア1課金：　30名＝150,000円
ティア2課金：　80名＝250,000円
ティア3課金：300名＝600,000円

を持たせた単価設定にすることで,請求計算が楽になる。例えば,80名→81名
→90名といった細かい単位で利用量が追加されたとしても,いずれもティア2
の範囲内であるため,請求金額は一律250,000円となる(**図表2-8**)。

②　デメリット

　利用者にとっては,心理的に一段上のティアに契約変更するには勇気がいる。
例えばユーザー50名だと150,000円(ティア1)の支払でよかったが,51名に
なると250,000円(ティア2)の支払に替わる。この瞬間だけみると1名追加
で100,000円が増えるという心理が働くため,この1名の追加はとりあえず今
年度我慢しようといった形で,利用量を抑制する可能性がある。サービス提供
者側にとっても,ティアを変更する度に契約変更を顧客と取り交わす必要があ
る。またティアが上がる場合は大きな収益が見込まれる一方で,ティアが下が
る場合は大きな収益減少につながるおそれがある。

　最近のサブスクリプションで収益を上げる企業の中には,これらのプライシ
ングを巧みに組み合わせ,さらに進化させることで顧客満足度を高め,他社と
の差別化に成功するケースが多数出てきた。
　いくつか応用編として,実際に存在し成功している課金モデルを紹介しよう。

⑹　応用編：組み合わせ課金モデル（例：定額＋変動型従量）

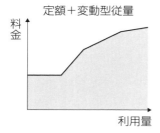

定額＋変動型従量

料金

利用量

　定額料金の中に一定数量の利用権が含まれており，その範囲を超過した場合には，利用量に応じて変動的に料金が発生する課金モデル。つまり，定額課金と変動従量型課金の組み合わせである。これは，ハードウエアと IoT などの利用量課金を組み合わせてサブスクリプション・サービスとして提供する場合などでもみられる。

①　メリット

　サービス利用者は，一定数量まで定額課金で利用することができ，サービス価値を理解したうえで利用量が増えていくと，その後は完全従量課金ではなく，利用すればするほど緩やかに上昇する利用料金になるため，価値と料金のバランスを取りやすくなる。

　一方でサービス提供者側も，一定の定額料金を確実に得ることができ，さらには顧客に対して安心してサービス利用を増やす動機を与えることで，顧客の利用量（顧客価値）が増えれば増えるほどに追加収益を上げ続けることができる。また，顧客の利用量を常に把握することで顧客価値の変化を理解し，タイムリーにサポートしたり，追加サービスなどを提案することができる。

②　デメリット

　課金モデルが複雑になるほどに，プライシングの設定が難しくなる。また，当然ながら契約管理や請求計算，そして回収も激しく複雑になるため，自動化する仕組みの導入が必要である。

(7)　応用編：従量の平準化（ロールオーバー型）

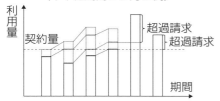

余った利用量を翌月に繰り越して利用できる課金モデル。例えば，ある月の利用量が契約量に届かなかった場合は，その不足分を翌月に繰り越していき，繰り越し分を含めた量を超過した場合に超過分を請求する。

①　メリット

利用者にとっては，極限まで不公平感がなく利用することができる。特に季節要因などで利用量が大きく変動する場合は，利用量が契約量より少ない時に非常に損をしたという心理が働くが，その不足分を翌月に繰り越していき，実際に利用量が超過する際に過去の不足枠が利用できるため，無駄のない契約となる。

サービス提供者側としては，顧客の不公平感を取り除きつつ，利用量の増減にかかわらず定額契約を得ることができるため，収益の予測がしやすい。また，実際にトータルの契約量を超過した場合にも請求をすることができる。両者にとって最もフェアな従量課金モデルである。

②　デメリット

ご想像のとおり，毎月の利用量と不足分の把握，繰り越し処理，超過分請求と，これまで紹介した従量課金モデルの中で最も煩雑な契約管理が必要になる。

また，永遠に不足分を積み上げていくと超過分を得られなくなる可能性があるため，繰り越し可能期間を1年間にするなどの取決めが必要になる。

　以上，いくつかの従量課金モデルをみてきた。従量課金は顧客が実際に利用する量に基づいて変動する課金モデルである。顧客の利用量＝顧客価値であるため，サブスクリプション・ビジネスで最も重要な顧客価値を測定するうえでも，利用量が増加している場合は顧客価値が高まっていると判断できるし，逆に利用量が減少している場合は顧客価値が下がっている可能性がある。そのため，利用量が減少する要因をタイムリーに把握し，ヒアリングを行った結果，サービス利用方法のサポートなどによって，解約リスクを下げることができる。

　このように従量課金は，顧客価値の変化がビジネスに直結するため，ビジネスに関わるすべての人間がすべての顧客の利用量を常にモニタリングし，その利用量を継続的に増やし続けてもらえるように，総力をあげてサポートをする必要がある。

　一般的に新規の営業に加えて顧客を担当するカスタマーサクセスチームが重要になる。しかし，利用量を増やし続けてもらうためには，サービス提供者側の人的な努力だけでは実現が難しい。そのため，単純な完全従量課金モデルではなく，顧客側にも安心して利用量を増やせる動機を与えられる上限付き従量課金や変動型従量課金，そして段階型課金などのメリット・デメリットを理解し，自社の顧客ニーズや市場環境に合わせたプライシングをうまく選択し，提供しなければならない。

　ただし，顧客ニーズや市場環境は常に変化していくものであるため，一度プライスを決めたら変更しないという考え方が最も危険であり，柔軟に変更する心構えを持つことがサブスクリプション・ビジネスでは，最も重要である。

　実は，もう1つプライシング戦略上重要なことがある。それが「値引き」のプライシングである。プロダクト販売モデルの時代は1回限りの値引きというシンプルなものでよかったが，継続が前提のサブスクリプション・モデルの値引きは様々なパターンが存在する。うまく活用することで新規顧客の獲得につなげられる重要な考え方である。逆に安易に値引き方法を決めてしまうと，後々の収益に大きなインパクトを及ぼす可能性があるので，ここも慎重に検討

していただきたい。

⑻　値引き：無料トライアル

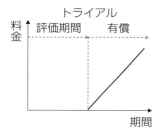

　トライアル期間中は無償の評価期間とし，期間終了後に有償へと切り替える課金モデル。

　この無料トライアルは，様々な動画サービスやソフトウエアのサービスでも提供されているので，一度は利用したことがある方も多いだろう。

①　メリット

　サービス利用者からすると，無駄な投資にならないかという心配を減らし，期待する効果が得られるかを，契約前に実際に利用することで自ら判断できる。

　サービス提供者側としては，数ある競合サービスの中で自社のサービスが最も優れていると考えるならば，積極的にすべての機能を一定期間にわたり無料トライアルとして開放することで，有料契約の見込み顧客を数多く作ることができる。

　しかも，一定期間の無料トライアルが終われば，有料契約をするか，契約しないかの2つに1つの選択をすることになり，シンプルである。顧客が有料契約を選択した場合は，サービスに対して十分に納得したうえで利用を開始するため，サービスを利用する期間は長くなる傾向にある。その結果，継続的な収益を見込める可能性が高まる。

　例えば，ギターのフェンダーは，コロナ禍において Fender Play の無料トライアルを延長することで100万人の新規ユーザーを獲得した。このトライアル

延長期間中にサービスの効果を十分に体感したユーザーは，トライアル期間終了後に有料契約に切り替え，長く利用することになるだろう。

②　デメリット

サービス利用者としては，無料トライアルを利用する際は，多くの場合，申込時に個人情報やクレジット情報などの登録が求められる。そして，無料トライアル期間の終了が迫ると，有料契約に切り替えるか，2度と利用しないかの究極の選択が待っている。そのため，無料トライアルに申し込む際には，それなりに心理的ハードルが高くなる。

一方，サービス提供者側としては，自社のサービスが優れている場合，無料トライアルを適用すべきである。万一，サービス品質が低い状態で無料トライアルを広く開放すると，マイナスの風評が広がるリスクがある。また，BtoB向けのソフトウエアなどのサービスの場合，単純に無料トライアルを開放するだけでは，利用者が使いこなせず，価値を感じないまま期間を終えてしまうケースもある。

そのため，やみくもに無料トライアルを開放するのではなく，無料トライアルで確認したい価値を利用者の契約意思決定者と事前にすり合わせ，トライアル期間中は利用者をサポートしながら正しく価値を理解してもらうよう導いていく活動が必要になる。

⑼　値引き：フリーミアム

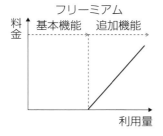

基本的な機能や一定利用量までの限定されたサービスを無償プランで提供し，

特別な機能やカスタマイズされた付加価値サービスについては有償プランで提供する課金モデル。

　デジタルニュースなどの Web サービスやソフトウエアなどで採用されることが多い。例えば，デジタルニュースなどでは，無料会員でも毎月10本までは記事を読めるが，それ以上は有料プランへの変更が必要といったペイウォールと呼ばれるサービスである。

　ちなみに，「フリーミアム」という言葉は，「フリー（無料）」と「プレミアム（割増）」を合わせた造語であり，米国のベンチャー投資家フレッド・ウィルソンが提唱した。フリーミアムでは無料ユーザーに一定の満足感と適度なストレスを与えることで有料会員を増やすことが求められる。そのため，どのような機能制限を付加する設計にするかが非常に重要な要素になる。

　例えば，よくある代表的なフリーミアムの利用制限として次のようなものがある。

利用量の上限	記事数，ストレージ量，データ処理量，利用人数など
機能の制限	機能レベル，処理スピード，オプション機能など
サポート	サポート時間，サポート手段，問合せ件数など

　これらの利用制限を単体ではなく，いくつか組み合わせることで，無料ユーザーがもっとサービスを利用したいと思わせるように誘導していかなければならない。そのためには，顧客１人ひとりのニーズを熟知し，何に対して対価を支払いたいのかという顧客価値を常に把握しておく必要がある。

① メリット

　サービス利用者は，サービスの価値に納得してから購入の判断を下したいと考えている。フリーミアムは，無料トライアルと異なり，期間の制限がなく，また有料か解約かを迫られることもなく，納得いくまでサービスを体感することができる。

　サービス提供者としては，やみくもに活動する営業やマーケティングにかか

る無駄なコストを大幅に抑えながら新規顧客を大量に獲得することができる。また，顧客の利用体験をモニタリングすることで，顧客ニーズをリアルタイムに把握することができる。これらの顧客ニーズをもとに，さらなる顧客体験を改善する機能や新たなオプションサービスなどを付加し，有料契約へと確実に導いていく。このようになると，すでに一定期間利用している顧客は他社サービスに乗り換えるスイッチングコストが発生するため，自社サービスの利用確率が高まる。

　もう1つのメリットとしては，フリーミアムはより多くの顧客を獲得しやすいため，マーケティングコストをかけなくても，彼らの口コミなどでマーケットに対して自動的に浸透していくことである。

　例えば，コロナ禍で爆発的に普及したオンライン会議ツールのZoomは，2人までは利用し放題，3人以上のミーティングは40分までフリーで利用できるフリーミアムを提供したのだが，これによって爆発的に口コミが広がり，誰もが知るサービスとなった。この間，Zoomは大型なマーケティングコストをかけることなく，彼らの利用者は2020年1月時点に比べて4月時点では20倍にまで拡大した。

②　デメリット

　サービス利用者にとっては，無料でサービスを利用しているためデメリットはないように感じるが，すべての利用データはサービス提供者側にとられており，あなたのデータが場合によっては広告収入に変えられている可能性もあることを認知すべきである。また，ある日突然，サービス提供者側が利用制限の閾値を変更することにより，変更後の利用制限において，我慢して無料利用を継続するか，有料契約へ変更するか，利用を止めるかの選択を迫られる可能性がある。

　サービス提供者側として最も怖いのが，有料会員への移行が全く進まないという状況に陥ることである。実際に無料トライアルに比べて格段にフリーミアムのほうが有料契約への転換率は少ない。無料会員だけが増えることで，一向

に収益が向上しないという場合には，設定した利用制限を見直すなどの設計変更が必要になる。

　例えば，今やデジタルニュースで大成功を収めている New York Times でも，サービス開始当初は月間20記事まで無料としたが，有料会員への移行が全くされず，大失敗した。その後，利用データを分析し，月間10記事まで無料にすることで成功するなど，データを分析しながら柔軟に設計変更を行っている。

 column①　無料トライアルとフリーミアムのどちらを採用すべきか？

　期間限定ですべての機能が利用できる「無料トライアル」と，利用制限を付加することで永久に利用できる「フリーミアム」のどちらを採用すべきか。これは新規サブスクリプション・サービスを提供するうえで非常に悩ましい議論である。

　この議論に対して，ズオラ（Zuora）社 CEO のティエン（Tien）は自身のブログの中で，ようやくこの議論が完全決着したと述べている。

　結論，勝者は「無料トライアル」である。

　第1に，厳密にいうと支払がない場合，フリーミアムユーザーはあなたのサービスの価値を買っていない。彼らは，文字どおり，あなたのサービスに投資するために，コミットする選択に直面してこなかった。多くのフリーミアム企業において，課金を開始した時に，大量のフリーミアムユーザーの離反があったのはそのためである。人々はお金を払うという選択をする時に，そのサービスに価値があるのかを真剣に吟味するのである。

　第2に，様々な研究が指摘しているように，無料トライアルは，そもそもサービスを利用する前提で申込みをするという非常に単純な理由から，有料のサブスクライバーへ転換することができる。もし彼らがすべての機能ではなく一部の機能しか知らず，それで満足しているのであれば，すべての機能に対してお金を払うインセンティブがあるのだろうか。

　デジタルサービスの多くは，フリーミアムで自分自身を呪ってしまう。彼らは，非常に人気があり，完全に適切な無料版のサービスを構築しているが，それは最終的に自らを苦しめることになる。彼らは消費を価値に結びつける成長の道筋を

構築しておらず，フリーミアムのユーザーはその場にとどまることに満足しているのである。

　第3に，ハーバード・ビジネス・レビューによると，フリーミアムが本当に機能するためには，2つのことが必要である。それは，"巨大な規模と最小の転換率"だ。確かに Slack，Spotify，Dropbox のようなフリーミアムの成功例は，すべて顧客がいない状態で始まったが，数百万人のフリーミアムユーザーを獲得できるような非常に大きな大衆市場のスイートスポットにヒットするのは，ごくごく稀なサービスだ。

　あなたは，毎月200万人の訪問者の中から5％を有料サービスへ転換したいのか。それとも毎月10万人の訪問者の50％を有料サービスへ転換したいのか。

　第4に，多くのフリーミアムサービスは，本当は無料ではない。彼らがやっていることは，広告を通して「無料の顧客」を収益化することである。そして，それは悪魔との取引。もしあなたが無料のサービスを使っているならば，あなた自身が製品なのだ。非購入者は注意していただきたい！

　ぜひ，あなたが持っているすべての機能を無料トライアルで顧客に見せてほしい。あなたが価値のあるサービスを持っていれば，人々はサブスクリプション契約するだろう。これは，多くの新聞社が過去10年間に苦労して学んできた教訓である。

⑽　値引き：定額ディスカウント

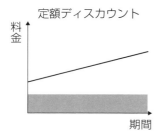

利用料金から定額でディスカウントを行うプラン。

　契約時にディスカウント額を固定化させることで，顧客の利用量が増えるほどに利用料金と定額値引きの差額としての収益を増やしていくことができる。

図表 2 - 9	定額ディスカウント　プライスプランイメージ		
	利用料金	定額値引き	収益
1 月	1,000円	−400円	600円
2 月	1,500円	−400円	1,100円
3 月	2,000円	−400円	1,600円
合計	4,500円	−1,200円	3,300円

(11)　値引き：定率ディスカウント

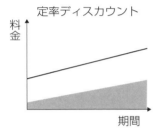

定率ディスカウント

料金

期間

利用料金から定率でディスカウントを行うプラン。

契約時にディスカウント率を決めることで，顧客の利用料金に対して定率値引きされるため，顧客の利用量が増えると値引き額も大きくなる。その結果，収益を増やしにくくなる。

図表 2 -10	定率ディスカウント　プライスプランイメージ		
	利用料金	定率値引き（40%）	収益
1 月	1,000円	−400円	600円
2 月	1,500円	−600円	900円
3 月	2,000円	−800円	1,200円
合計	4,500円	−1,800円	2,700円

繰り返しになるが，従来のプロダクト販売の時の値引きは 1 回限りでよかった。そのため，販売定価1,000円に対して，400円値引きにしようが，40%値引きにしようが，値引き額は400円であり，収益は600円と同額であった。しかしながら，サブスクリプションは繰り返し請求するモデルであるため，値引きを

定額と定率のどちらにするかで大きく収益が変わってくる。

　前述のケースだと，定額値引き400円の場合は合計収益が3,300円であるが，定率値引き40％（初回400円）の場合は合計収益が2,700円となる。合計収益面でみると非常に大きな差になってくることがわかるだろう。当たり前のことと思われるが，この定額と定率の値引きインパクトを理解していない営業担当者は，まだまだ多い。そもそも値引きしないことが一番だが，どうしても顧客との交渉で値引きが必要になった場合は，「定額」で交渉させるよう指示を出すか，値引きルールを決めてほしい。

　以上のように，サブスクリプションには様々なプライシングモデルが存在しており，どのようなプライシングモデルを選択し，組み合わせてプライシング戦略を立案するかは，サブスクリプションで収益化するために，とても重要であることを説明してきた。このプライシング戦略会議には，必ず財務経理部門の参加が必要である。なぜなら，選択するプライシングによって，収益認識のタイミングやリスク，請求・回収・仕訳などのバックオフィス業務の複雑性などが大きく変動するため，事前にすべてを理解して対策しておかなければ，実際にビジネスがスタートしてから大混乱になるからである。

06　課金タイプ×モデル×タイミングこそが競争力

　実際のサブスクリプション・サービスは，課金タイプと課金モデルそして課金のタイミングの組み合わせで構成されるため，その数は数百パターンにも及ぶ。収益化するうえでは，これらのパターンからあなたの顧客にとって最適なパターンを作ることが重要となる。そして，顧客のニーズ変化に合わせて，素早くパターンを組み替えながら適応していかなければならない。この柔軟なアジリティこそが，サブスクリプション・ビジネスにおけるケイパビリティになる。

図表2-11　**課金タイプと課金モデルと課金のタイミング**

課金タイプ	課金モデル	課金のタイミング

プロダクト料金プラン

課金タイプ
- 1回課金
－フィジカルアイテムや初期設定費用等に利用
- 定期課金/期間
－契約期間中繰り返し請求が発生したり，期間に応じて請求する場合等に利用
- 使用量課金
－サービスや機器，消耗品などに対して使用量に応じて課金を行う場合に利用

課金モデル
- 定額課金
－料金が固定価格のシンプルなモデル
- 単位当たり課金
－料金が単位当たりの価格（数量×単価）で決まるモデル
- ボリューム課金
－料金または単価が購入数によって変動するモデル，全購入数分が同じ単価になる
- ティア課金
－料金または単価が購入数によって変動するモデル，料金は各ティアごとに計算される
- 超過量課金
－基本料金に無料の使用量を含み超過した場合に単位当たりの単価で計算するモデル
- 超過量課金付きティア課金
－超過量課金と同じだが，無料使用量を超過した場合にティア課金を適用するモデル
- ディスカウントー割引額
－ディスカウントを固定額で定義するモデル
- ディスカウントー割引率
－ディスカウントを率で定義するモデル

×

課金のタイミング
- 請求開始条件
－請求開始のタイミングを契約締結後，サービス有効化後，顧客受入後から選択
- 終了日
－請求の終了をサブスクリプションの終了に合わせるが課金開始後の任意の期間を設定
- 請求周期
－月ごとや年ごと，特定の期間など任意で請求周期を設定
- 請求日
－アカウントごとの請求ルールや特定の日付を設定
- 請求周期の調整
－請求周期が1ヶ月を超える場合にどのタイミングで請求を行うかを設定
- 請求タイミング
－前請求か後請求かを設定
- 使用料の請求タイミング
－請求周期に合わせて請求するか，使用が発生した都度請求するかを設定

 column②　プライシングモデルとシステム

　ある大手企業では，10年前にこれらの課金モデルから請求までの仕組みを自社開発したとのことだが，その費用は驚くことに十数億円にのぼり，しかもその後の改善などのシステム保守も年間数億円単位で延々と発生したそうである。このような話を聞くと到底，自分の会社では無理だと思うかもしれない。しかし，今

の時代は幸運である。ズオラ（Zuora）社は，世界のサブスクリプションのプライシングモデルや複雑な請求，回収，収益認識などのオペレーションをクラウド型で提供している。しかもこれらのプライシングモデルは，世界中のあちこちから新たに誕生しているわけだが，これらの最新のプライシングモデルを継続的に取り込んでくれる。言い換えると我々は，常にこのベストプラクティスを今すぐにでも利用することができ，柔軟なプライシングを安心して提供できるようになった。

　このような背景から，サブスクリプションのプライシングは複雑に進化を続けていくわけだが，これは顧客価値を高めるための重要な進化である。あなたの会社でももはや請求業務の煩雑さを理由にやむなく選択した単純な定額制課金を捨て，あなたの顧客にとって最も価値を高めるプライシングを自由に選択できるようになった。

　また最近では，国内でもサブスクリプションの課金や請求を自動化するシステムがいくつか誕生してきているので，検討してみることをおすすめする。

💡 column ③　プライシング戦略会議に向けたストレッチ

　ここで架空の話として，あなたの会社で「1台360万円する大型施設向けのお掃除ロボット」をサブスクリプションで提供することになったとしよう。会社として初めての挑戦である。そこで，あなたは，開発，営業，マーケティング，財務経理などの関係部門を集め，プライシング戦略会議を開催することになった。あなたのチームはどのようにプライシングを考えるだろうか。

　まず，自由に意見を出してもらう。すると，

案1　定額制プラン：月額10万円（契約期間：36ヶ月）
が真っ先に出てくるだろう。

　多くの製造業の方々と話していると，まずこの考えになる。製品販売価格を契約期間の月数で按分する割賦販売としての料金を設定する。もちろん，原価を確実に回収するという点では納得感がある。

　ただ，このプランを前提に議論が先に進んでしまう前に，一度議論を止めて，

先述したサブスクリプションの考え方の図をホワイトボードに描いていただきたい。

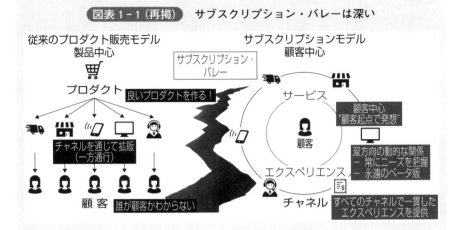

図表1-1（再掲）　サブスクリプション・バレーは深い

　サブスクリプション・モデルは顧客中心のビジネスモデルである。つまり製品原価＋利益＝料金ではなく，**顧客価値＝料金**となることをチーム全体で改めて共有してほしい。

　その次は，**「お掃除ロボットを利用する顧客の価値は何だろうか？」** と質問してほしい。

　すると，次のように様々な意見が出てくるだろう。

・商業施設など広いフロアを隅々まで清掃できる

・深夜の掃除人員の負担を削減できる

・結果，清掃コストを削減できる

・人間が入れない危険な場所の清掃を代行できる

　顧客は，お掃除ロボットを利用すること自体に対してではなく，**利用した「結果」というサービスに対して価値を感じること**をチームで共有できるはずである。つまり，ロボットを販売するという考え方から，「自動清掃サービス」を提供するという考え方に変わってくる。

　ではここで，もう一度，これらの「自動清掃サービス」に対してどのようなプライシングを設定するかの議論を再開する。

　そうすると，例えば次のようなかたちで，顧客を中心において料金モデルを考え始めるようになる。

・実際に清掃した量に応じた従量課金にしてみよう

・例えば，走行距離課金や取得した埃の量…に応じた課金はどうだろう？

・すべて従量課金だと顧客が利用を制限するかもしれないので利用量が増えるほど単価を下げよう

・利用量が少なかった不足分は翌月に繰り越すのはどうか？

　その結果，下記のような課金モデルが考えられるかもしれない。

案2　変動型従量課金モデル

➤　従量課金モデル，ただし，超過量が増えるほど単価が減っていくモデル

図表2-12　変動型従量課金モデル

走行距離（km）	単価（km当たり）
〜5	1万円
5〜10	0.8万円
10〜	0.5万円

例）12km稼働した場合：1万円×5km＋0.8万円×5km
　　　　　　　　　　　　＋0.5万円×2＝10万円

案3　定額課金＋変動型従量課金モデル

➤　月額定額5万円で5kmまで利用可能。その後，超過分については従量課金，ただし超過量が増えるほど単価が減っていくモデル。

図表2-13　定額課金＋変動型従量課金モデル

走行距離（km）	単価（km当たり）
定額　〜5	定額5万円
従量　5〜10	0.8万円
従量　10〜	0.5万円

例）12km稼働した場合：定額5万円＋0.8万円×5km
　　　　　　　　　　　　＋0.5万円×2＝10万円

ここで整理してみよう。

案1，2，3は同じ月額10万円だとしても，実は大きく異なる部分がいくつかある。

1　顧客の納得感と新規顧客獲得

案1は，このお掃除ロボットがどれほどの効果を生み出すか，まだ懐疑的な段階で3年契約の縛りがあり，例えば今回のコロナ禍によって商業施設がクローズになった際のように，清掃が不要な時でも月額10万円を支払わなければならない。自動清掃サービスという価値に対しての対価として，マッチしないケースが考えられる。

一方で案2，案3は利用者にとって新規契約のハードルが低く，利用しやすい課金モデルである。サービス利用しない月は支払を抑えられる。また，サービス利用を増やすことで清掃員コストが下げられれば，超過従量課金以上のメリットを享受できる。

2　顧客とつながり，満足度を高める

案1は，定額制なので顧客の利用量と収益に直接的に関係がない。しかし案2，案3は従量課金があるため，顧客の利用量がそのまま収益につながる。そのため，顧客の利用状況を常にモニタリングする必要がある。これこそが，サブスクリプションの肝である「顧客とつながる」ことへのはじめの一歩となる。

メーカー側が顧客の利用量を常に把握することで，もし利用量が減少していたり，ゼロの場合には，何かしら顧客側でロボットの運用上で困っていることがあり，最悪の場合，ただ倉庫に眠っているかもしれないということが手にとるようにわかる。この場合は，すぐさま連絡して課題を解消してあげることで，顧客満足度も高まる。また，利用量が非常に高い状況が続いている場合は，ロボットの台数を増やす提案をする絶好の機会である。

3　原価回収という観点

とはいえ，原価回収しなければ赤字になるため，案1にすべきという根強い声もよく聞く。これに対しては案3のように定額課金と従量課金の組み合わせというプライシングをすることで最低原価を回収しつつ，追加収益を得る方法もある。

ただし，案1を推薦する方には，顧客がその製品を利用しなかった場合，もしくは利用したか否かをメーカー側で把握できない場合は，3年後の契約更新時に

解約される可能性は極めて高く，中長期的に安定収益を実現するサブスクリプションの収益モデルにはならないということを理解してもらう必要がある。

　以上のように，顧客を中心に据えることでプライシングの考え方の幅も広くなる。さらに進んだ議論で，商業施設用と危険施設用でサービス機能やプライシングを分けよう。利用状況を顧客とも共有できるサービスを追加しよう。運用保守サービスを追加しよう。警備サービスも付加して警備コストも下げる機能を追加してオプション料金設定しよう…。

　このように，どんどん議論が発展していくと，チームがサブスクリプション脳に変化していき，いざ具体的に自社サービスのプライシングを考える際にも，良い影響が出るだろう。

　この戦略会議には，財務経理部門の皆様も積極的に参加していただき，一緒に考えることがとても大事になる。

ケース③　なぜ Zoom は急拡大したのか？

　このコロナ禍において，誰しもが一度は利用したり耳にしたりしたオンライン会議ツールがある。それが Zoom である。コロナの以前から急速に成長していた超優良企業であったが，このコロナ禍において，1日当たりの利用者数を20倍の3億人にまで一気に急拡大させることに成功した。優れたテクノロジーと利用しやすさという技術側面はもちろんだが，同じような機能を有するオンライン会議ツールは世の中にも数多く存在している中で，これだけ圧倒的に利用者を拡大させた背景として，私は Zoom の巧みなプライシング戦略があると考える。

　実際に，Zoom のホームページでプライシング（2020.9.30時点）をみると，プロ，ビジネス，企業という3つのプランに加えて「無料」というプランが用意されている。この「無料」プランは，期間限定の無料トライアルではなく，2人までのミーティングなら時間無制限，かつグループミーティングでも40分まで無料で利用できるフリーミアムである。

　しかも個人情報やクレジットカードなどのサインアップが不要なので，必要な時に即座に利用することができる。その結果，一気に利用者を増やし，オンライン会

議イコール Zoom という認知を拡大させ，そして利用者は勝手に Zoom の機能に慣れていく。これだけ利用者が拡大すると，企業側としても個人向けのオンラインセミナーやオンライン商談などを実施するツールとして，Zoom を利用することになる。そして，有料ユーザーも急速に拡大していく。

　Zoom は有料ユーザーに対しても企業規模に応じた複数プランを用意しており，小規模企業から大企業まで，自社のニーズにあったプランを年額でも月額でも Web から非対面で簡単に申し込みすることができる。

　さらに Zoom は，既存顧客のニーズに応える形で Zoom Phone，Zoom ビデオウェビナーなどのオプションサービスも次々に追加提供しており，既存顧客からの追加収益を上げるパスをしっかり用意している。

図表 2 -14　Zoom のプライスプラン

プラン	料　金	機　能
基本 パーソナル ミーティング	無料	・100人の参加者までホスト可能 ・最大40分のグループミーティング ・１対１ミーティング無制限 ＊永久に無料。クレジットカード不要。
プロ 小規模チームに最適	$14.99/月/ ライセンス	・参加者最大100名をホスト ・Increase participants up to 1,000 with Large Meetings add-on ・グループミーティング無制限 ・SNS ストリーミング ・１GB 分のクラウド録画（ライセンスごと） ＊アカウントごとにライセンス最大９個まで購入可能
ビジネス 中小企業	$19.99/月/ ライセンス	・参加者最大300名をホスト ・Increase participants up to 1,000 with Large Meetings add-on ・シングルサインオン（SSO） ・クラウド録画トランスクリプト ・管理対象ドメイン ・会社のブランディング ・All features included in Pro and more ＊$199.9/月で10ライセンスから開始

企業 大企業向け仕様	$19.99/月/ ライセンス	・参加者最大500名をホスト ・クラウドストレージ無制限 ・トランスクリプション ・All features included in Business and more ＊$999.5/月で50ライセンスから開始
ZOOM UNITED ビジネス ミーティング。電話。チャット	$35/月/ライセンス	**電話** ・Zoom United プロのすべての電話機能が含まれます。 ・グローバルプラン内無制限通話プラン ・オプションのアドオン：18ヵ国まで無制限通話を追加します。 **ミーティング** ・参加者最高300名のミーティングをホストする ・シングルサインオン（SSO） ・クラウド録画トランスクリプト ・管理対象ドメイン ・会社のブランディング ＊$350/月で10ライセンスから開始

（出所：zoom.us/pricing，2021年5月現在）

　そして，さらに巧みなところは，特定業界向けのサービスも提供していることである。例えば，教育機関のオンライン授業や遠隔医療向けオンライン診断などの特定業界向けの別サービスとプランも用意している。

　Zoomの急拡大の背景には，その機能性だけではなく，巧みなプライシング戦略がある。フリーミアムはすべての企業で適用すべきではないが，プライシング戦略をするうえで多くの学びを得ることができるので，彼らのホームページを参考にしてみてはいかがだろうか。

07　売上計画を算定する

(1)　成功の公式：$ARR_n - Churn + ACV = ARR_{n+1}$

　さて，プライシングを設定することまで進んだら，財務部門は，サブスクリプションの売上計画をビジネス部門と一緒に立案してほしい。収益全体の詳細は第３章で述べるが，ここでは売上計画の基本的な考え方を説明する。

　まず押さえるべき，サブスクリプション・ビジネスにおける最重要かつ単純な公式は，次のとおりである。

$$ARR_n - Churn + ACV = ARR_{n+1}$$

・ARR＝定期収益（Annual Recurring Revenue）

・Churn＝解約

・ACV＝年間契約金額（Annual Contract Value）
　　　　＝新規顧客 ACV＋既存顧客 ACV

　サブスクリプションで収益を高める唯一の道は，毎年の定期収益（ARR）を積み上げていくことである。ここでのポイントとして，Churn（解約）とACV（年間契約金額）の変数が ARR に大きくインパクトを与えるというイメージを持っていただきたい。

(2)　収益シミュレーション

①　ケース１：新規顧客が純増していく

年間新規顧客数：1,000

　＊単純化のため，毎年期初にすべての追加契約があると仮定

ACV（新規顧客）：５万円

イメージ：３年後には１億5,000万円の ARR になる

１年目：０円（期初 ARR）＋1,000×ACV（５万円）＝5,000万円（ARR）

2年目：5,000万円（期初 ARR）＋1,000×ACV（5万円）＝1億円（ARR）

3年目：1億円（期初 ARR）＋1,000×ACV（5万円）＝1億5,000万円（ARR）

　ただし，実際はそんな単純にはならない。なぜなら解約があるからである。

②　ケース2：解約率が40%

年間新規顧客数：1,000

　＊単純化のため，毎年期初にすべての追加契約および解約があると仮定

ACV（新規顧客）：5万円

解約率40%

イメージ：3年後の ARR は，9,800万円にとどまる

1年目：0円（期初 ARR）＋1,000×ACV（5万円）＝5,000万円（ARR）

2年目：5,000万円（期初 ARR）−（5,000万円 ×**Churn 40%**）＋1,000×ACV（5万円）＝8,000万円（ARR）

3年目：8,000万円（期初 ARR）−（8,000万円 ×**Churn 40%**）＋1,000×ACV（5万円）＝9,800万円（ARR）

③　ケース3：既存顧客から20%売上を増額し，解約率を10%に止める

年間新規顧客数：1,000

　＊単純化のため，毎年期初にすべての追加契約および解約があると仮定

ACV（新規顧客）：5万円

ACV（既存顧客）：＋20%

解約率10%

イメージ：3年後の ARR は，1億6,232万円にまで拡大する

1年目：0円（期初 ARR）＋1,000×ACV（5万円）＝5,000万円（ARR）

2年目：5,000万円−（5,000万円×**Churn 10%**）＋1,000×ACV（5万円）＋4,500万円×**既存顧客 ACV20%**＝1億400万円（ARR）

3年目：1億400万円−（1億400万円×**Churn 10%**）＋1,000×ACV（5万円）

＋9,360万×**既存顧客 ACV20%** ＝ 1 億6,232万円（ARR）

　このように，サブスクリプションの売上計画を立てる際には，ARR を積み上げる変数として，解約率（Churn）と新規顧客（売上），既存顧客（追加売上）を考慮したうえで，どのような成長角度で進んでいくかを検討すべきである。ここまで何度もサブスクリプションは顧客中心のビジネスモデルであることを述べてきた。もうおわかりのとおり，顧客中心であるか否かを最も表す指標こそが，解約率（Churn）と既存顧客（ACV）である。

　成功するサブスクリプション・ビジネスはすべて，解約率が低く，毎年既存顧客から追加の売上を上げ続けている。一方，世の中で失敗するサブスクリプションは，総じて解約率が高く，既存顧客から追加売上がない。それを補うために必死で新規顧客を獲得すべく営業を鼓舞し，大々的な広告宣伝を打ったところで，顧客の解約率が高ければ，穴の空いたバケツに水を入れ続けるかのごとく，一向にバケツに水はたまらない。たまに，サブスクリプション・サービスを提供している会社の決算書で年々売上が減少しているケースがあるが，こ

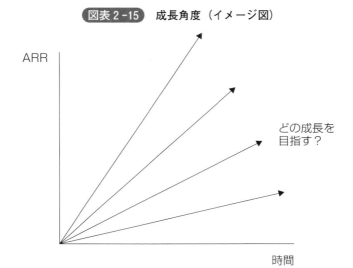

図表 2 -15　成長角度（イメージ図）

れは新規顧客獲得よりも解約のほうが大きくなっている末期症状である。

　ティエン（Tien）は，「サブスクリプションとは顧客の幸せの上で成り立つ唯一のビジネスモデルである」と常々言っているが，まさにそのとおりである。

　あなたはどの成長角度を目指していくか。

⓪⑧ オペレーション方法を準備する

　サブスクリプション・ビジネスを円滑に進めるには，バックオフィスのオペレーションがとても重要な役割を果たす。ある意味，サブスクリプション・ビジネスが成功するか失敗するかは，このオペレーション能力次第と言っても過言ではない。これを面倒な仕事が増えると捉えるか，ビジネス成功に貢献できるチャンスと捉えるか，あなたの考え方の違いが成否を分けるのである。

　それでは，サブスクリプション・ビジネスに求められる4つのオペレーションについてみていこう。

(1)　サービス管理

　従来のプロダクト販売では製品マスタと呼ばれるものであるが，サブスクリプションではサービスマスタを管理する必要がある。このサービスに対して請求が紐づいてくる。

　例えば，一般的に下記のような管理項目で構成される。

・サービスプラン名称
・課金モデル（一回課金，定期課金，従量課金など）
・課金パターン（定額課金，ボリューム課金，ティア課金，超過量課金）
・ディスカウントパターン（割引額，割引率）
・課金タイミング

　このうち，課金タイミングは，期間の概念があるサブスクリプションでは，事前の取決めが必要となる（**図表2-16**）。

　これらの課金タイミングの設定は，契約条件を交渉する場面で重要な要素に

図表 2 -16　事前取決めを検討すべき課金タイミング

1）請求開始条件	どの日を請求開始日にするか。例えば，サービス有効化後や顧客受入後など
2）契約終了日	・請求の終了日をいつにするか。（例えば，追加契約をした際に既存の契約期間の最終日に合わせるのか，任意の契約終了日を設定するなど） ・請求終了日を持たせないか。（解約するまで永遠に続く）
3）請求周期	どの周期で請求するか。毎月，毎年，毎四半期など
4）請求日	請求日をいつにするか。利用開始後●日後，請求開始月の翌月●日など
5）請求タイミング	・どのタイミングで請求をするか。年間前払いや年間後払い，毎月後払いなど ・従量課金の場合は，使用が発生した都度請求するか，請求周期に合わせるか

なるし，財務部門にとっても売上計上タイミングにも影響を及ぼすため，ビジネス部門と一緒に検討し，ルール化すべきである。たまに，このルールが曖昧であるがゆえに，営業担当者が各社各様の自由な契約を結んでしまい，バックオフィスが破綻するという光景を目撃する。

　そもそも，あなたはこれらのサービスを管理する仕組みを持っていないだろう。そこで手持ちのERPシステムを何とか駆使して，もしくはカスタマイズして管理しようとするかもしれないが，全くおすすめしない。

　なぜなら，既存のERPシステムは，当然ながら「期間」という概念がなく，1回限りの販売と請求を想定して設計されているからである。これを様々な課金モデル，課金パターン，請求パターンを持たせるようにカスタマイズしようにも，要件定義・設計・開発・テストまでに数ヶ月から1年程度を要する。そのうえ失敗に終わり，多額の資金をドブに捨ててしまうことがよくある。何より，サブスクリプションは顧客のニーズ変化にアジャストし続ける前提である以上，せっかくカスタマイズした機能であっても，数ヶ月後には新たな課金モデルを開発するために，また新たなカスタマイズが必要になるかもしれない。

　実際，延々とシステムのつぎはぎを繰り返している企業もあるが，このカスタマイズに投資したエンジニアと費用を自社サービスと顧客に投資すべきだったと後悔することになるだろう。

　そうならないためにも，ズオラ（Zuora）社などが提供するベストプラクティスが搭載されたプラットフォームを活用することで，この不毛な後悔から解放されるだろう。

(2)　契約管理

　サブスクリプションで最も難しいことの1つに契約管理がある。先述のサブスクリプション・ジャーニー（図表2-17）のように，顧客と長期的な関係を構築するためには，顧客の要望に合わせて，様々な契約管理が必要になる。

図表2-17　サブスクリプション・ジャーニーと契約管理（図表2-3再掲）

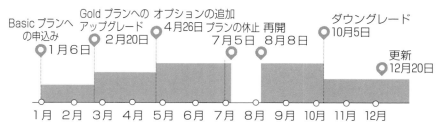

・新規契約

・契約変更（アップグレード，ダウングレード，期間変更）

・追加契約（オプション契約）

・休止

・再開

・契約更新

など様々なイベントが突如として発生する。

　この契約管理に基づいて，請求額や売上計上が計算されるため，顧客ごとの契約がどのように変更されてきたかを，新規契約時から時系列に管理し続けな

ければならない。よくある失敗例としては，常に最新の契約を元の契約に上書きしてしまうことで，その顧客の契約変更の推移や今まで支払った総額が全くわからなくなってしまう。そうなると，自社のロイヤルカスタマーすらも把握できなくなってしまう。

(3)　サブスクリプション請求／回収管理

　サブスクリプションのオペレーションとして，特に多くの労力がかかり，ミスが発生しやすいのが，請求管理業務である。理由は大きく3つある。

①　理由1）請求金額の計算が難しい

　プライシング戦略で述べたように，サブスクリプションでは，定額制，従量課金，ティア型課金やこれらの組み合わせなど，複雑なプライシングが採用される。特に従量課金やティア型課金だと，顧客の利用量と正しい単価を把握したうえで，請求金額を計算しなければならない。さらに顧客が契約期間の途中で追加契約や休止などの契約変更をし，契約期間の終了日は変わらない場合，日割計算が必要になる場合もある。

②　理由2）請求書を繰り返し発行する頻度が多い

　サブスクリプションの請求サイクルは月次サイクルのケースが多く，従来のプロダクト販売の時は1回で済んだが，年間12回もの請求書を発行しなければならない。さらには，顧客によっては月次ではなく，四半期払いや年間払いなどを希望していると，顧客ごとに正しいタイミングで請求書を発行し続ける必要があるため，さらに難易度が増すことになる。

③　理由3）回収と入金消込みも複雑かつ頻度が多い

　当然，請求頻度が増えることで，回収業務も増える。毎月請求して入金されるとなると，請求と入金の消込作業が膨大になる。回収できなかった顧客へ督促したり，未入金分を請求額に追加するなどの作業も増える。それでも入金が

ない場合は，サービスを止めるなどの処理も考慮しなければならない。

　このように，サブスクリプションの請求管理業務はかなり煩雑になる。その
うえ，顧客への請求金額ミスが相次ぐと，あなたの会社に対する信頼を著しく
損なう可能性もある。しかも請求金額はそのまま売上の計上に連動するため，
正しく計算されていることを監査法人にもしっかり証明しなければならない。

　ただし，これらの請求業務は単なる後処理業務ではなく，**すべて顧客価値を
高めるために必要な業務**である。もし，あなたがこんな煩雑な請求計算はやり
たくないという理由で「単一の定額課金モデル，かつ一切の契約追加・変更・
休止も認めない」と突っぱねてしまうと，新規顧客の獲得は減り，既存顧客の
追加収益もなくなり，解約は増える可能性が高まる。結果的にサブスクリプ
ションの収益化を実現することが非常に難しくなる。

　この結果に対して，財務部門から追い討ちをかけるように「このビジネスモ
デルは収益性が見込めず，投資は削減もしくは止めるべき」と言い放たれる。
これは，営業やプロダクト開発そしてマーケティングなどのビジネス部門の責
任だけではなく，**財務部門にも大きな責任の一端がある**ことを，ぜひ自覚して
ほしい。

　一方で，あらゆるサブスクリプションの請求計算や請求書発行を完全自動化
する仕組みを導入している財務部門は，様々なプライシング戦略や契約パター
ンを自由に作れるという最強の武器をビジネス部門に対して与えることができ
る。この財務部門が持つケイパビリティの差がサブスクリプションの成否を分
ける。

　サブスクリプションは，**組織全体で顧客価値を高めていく**ことで，顧客と中
長期的にわたって良好な関係を築き，収益を確実に積み上げていくビジネスモ
デルである。売上は営業が，後処理は財務部門がという従来の考え方は完全に
捨て，すべての組織が顧客価値を高めるという，ただ1点に向かって有機的に
活動しなければならない。

⑷　サブスクリプションの収益認識と売上計上

　日本における従来の収益認識の基準は実現主義をベースとしており，残念な
がらサブスクリプション・モデルの収益認識について明示的に規定されたもの
はなかった。そのため，サブスクリプション・ビジネス各社は，既存の会計基
準や適用指針等を参考にしながら，自社のサービス実態に応じて対応方法を個
別に検討しているのが実状である。

　ただし，2018年 3 月30日に企業会計基準委員会から，企業会計基準第29号
「収益認識に関する会計基準」と，企業会計基準適用指針第30号「収益認識に
関する会計基準の適用指針」が公表されたことで，新しい収益認識基準がルー
ル化された（その後，2020年 3 月31日に開示規定を盛り込んだ改正会計基準・
適用指針が公表されており，さらに2021年 3 月26日には適用指針が再度改正さ
れている）。

　この新しい収益認識会計基準は，現時点では適用が始まったばかりの会計基
準であり，今後，実務を踏まえながら随時改正される可能性が高いため，最新
の情報をご確認いただきたい。

　ここでは，サブスクリプション・ビジネスにて多くみられるソフトウエアや
動画・音楽・メディアなどのライセンス供与を例に，収益認識のポイントを紹
介する。

①　売上計上のタイミング

　従前の実現主義では，「財またはサービスの提供」と「その対価の受領」の
両方を満たした時点で売上を計上するという考え方であったが，新会計基準の
もとでは，「財またはサービスに対する支配が顧客に移転され，履行義務が充
足された時点」で売上を計上することになる。ここでいう「支配」とは，ある
サービスを自由に使うことができる状態である。

　サブスクリプションのビジネスにおいて一般的には，資産を「所有」してい
るのはサービス提供者側であり，顧客はその資産を「利用」しているにすぎな
い。例えば，カーシェアリング・サービスでは，車の所有者はサービス提供者

側だが，顧客には一定期間「車を利用する権利」を与えることになる。このように，実際に車という資産が顧客に移転するのではなく，顧客が自由に車に乗れる権利を得た時点で売上を計上することになる。

② **顧客との契約形態を識別する（アクセス権か使用権か）**

　次に議論すべきは，顧客との契約形態を識別することである。この契約形態が，一括売上計上するか，一定期間にわたって売上計上するかの大きな分岐点になる。例えば，ソフトウエアライセンスでは，ライセンスの種別を「アクセス権」と「使用権」に区分している。

(i)　アクセス権

　クラウドサービスやSaaSサービスは一般的に，サービス提供者側が常に機能面やデザインなどの改良を加え，その改良を顧客側は受け入れざるを得ない。このような場合は，製品やサービスのすべてが顧客に移転したとはいえず，「アクセス権」として判断される。「アクセス権」として判断された場合には，一

図表 2 -18　アクセス権か使用権の判定方法（図）

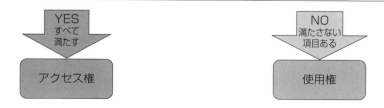

アクセス権か使用権の判定（収益認識適用指針63項）

以下，(1)〜(3)のすべての要件を満たすか？

(1)　顧客が権利を有している知的財産に著しく影響を与える活動を企業が行うことが，契約により定められている又は顧客により合理的に期待されていること
(2)　顧客が権利を有している知的財産に著しく影響を与える企業の活動により，顧客が直接的に影響を受けること
(3)　顧客が権利を有している知的財産に著しく影響を与える企業の活動の結果として，企業の活動が生じたとしても，財又はサービスが顧客に移転しないこと

YES
すべて
満たす

NO
満たさない
項目ある

アクセス権

使用権

定期間にわたって収益認識することになる。

　実際，サブスクリプション・ビジネスでは，顧客の価値を高め続けることで長期的に顧客との契約を継続させることが基本的なビジネスモデルである。そのため，提供するサービスは，永遠のベータ版として継続的に改良を加え続けられる。だとすると，サブスクリプション・ビジネスにおけるサービスは「アクセス権」と判断され，一定期間にわたって収益認識することになる。

(ⅱ)　使用権

　逆に，サービス提供者側がライセンスの機能面やデザインに改良を加えない場合は，ライセンスが供与された後の契約期間中は機能性や価値が変わるものではないと判断され，使用権として一括で売上計上することになる。

③　収益の認識

(ⅰ)　アクセス権に該当する場合

　アクセス権（ライセンス期間にわたり存在する企業の知的財産にアクセスする権利）に該当する場合，一定の期間にわたり充足される履行義務として処理する（収益認識適用指針62項）。理由としては，企業の知的財産へのアクセスを提供するという企業の履行からの便益を，企業の履行が生じるにつれて顧客が享受するためである（収益認識適用指針146項）。

　この場合の「収益の認識」は，履行義務の充足に係る進捗度を見積り，当該

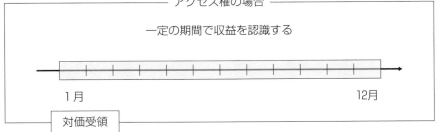

図表 2 -19　アクセス権の場合の収益認識

進捗度に基づき，収益を**一定の期間**にわたり認識する（収益認識会計基準41項）。

　例えば，1年契約でSaaS型サービスを提供し，年額で一括して対価を受領している場合は，対価を受けた時点では役務提供が完了していないため売上ではなく「前受金」として管理し，その後，役務の提供ごとに，月ごとに分割して売上を計上する必要がある。

(ii)　使用権に該当する場合

　使用権（ライセンスが供与される時点で存在する企業の知的財産を使用する権利）に該当する場合には，**一時点**で充足される履行義務として処理する（収益認識適用指針62項）。理由としては，当該知的財産はライセンスが顧客に供与される時点で形態と機能性の観点で存在しており，その時点で顧客がライセンスの使用を指図し，当該ライセンスからの残りの便益のほとんどすべてを享受することができるためである（収益認識適用指針147項）。

　この場合の「収益の認識」は，一時点で充足される履行義務については，当該履行義務が充足される時に，収益を認識する（収益認識会計基準39項）。ただし，顧客がライセンスを使用してライセンスからの便益を享受できる期間の開始前には収益を認識しない（収益認識適用指針147項）。例えば，ソフトウエアの使用に必要なコードを顧客に提供する**前**にソフトウエアのライセンス期間が開始する場合，コードを提供する前には収益を認識しない。

図表 2 -20　**使用権の場合の収益認識**

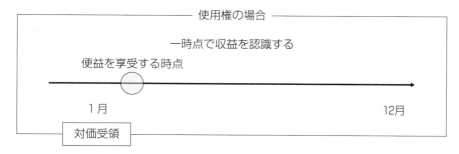

例えば，1年契約でオンプレミス型ライセンスを提供し，年額で一括して対

価を受領している場合は，ライセンス期間開始日でも対価を受領した時点でもなく，顧客がアクセスコードなどを受け取り，実際に利用可能な状態になった時点で，売上を一括で計上する。

(5)　サブスクリプションの売上計上（アクセス権）

　サブスクリプションで一般的なアクセス権の1契約単位での売上計上は，**図表2-21**のような形になる。年額の対価を受けた時点で「前受金」として処理し，毎月，前受金を取り崩し，売上を計上し続けることで，毎月の売上を確実に積み上げていくことになる。前受金として対価を得ることで，実際にキャッシュフローはよくなるメリットはある一方，売上計上は時間とともに増加していくことになるため，サブスクリプションの初期段階では，受注金額に対して損益計算書でみると売上が非常に小さくみえてしまう。

　ただし，実際には新規顧客が増えることで，サブスクリプション全体でみると，将来にわたってほぼ確約できる売上が積み上がるという，サブスクリプションの定期収益モデルが確立する。

　将来にわたって確約される売上を積み上げることによって，計画的なサービ

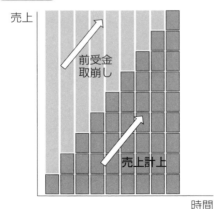

図表2-21　サブスプリプションの収益認識

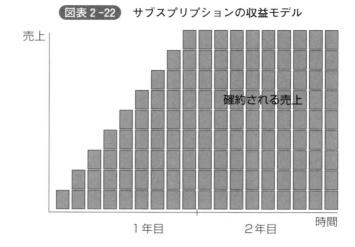

図表 2 -22　サブスプリプションの収益モデル

ス投資を実現し，顧客ニーズへの対応を継続的に実施していくことが可能になる。そして，事業の安定と成長を両立できるようになる。

　このようにサブスクリプション・ビジネスにおいては，初期段階では売上計上が少ないようにみえるだけで，将来にわたってのストックがたまっている段階であるため，従来の損益計算書では正しくビジネスの実態を理解できない。特に会計業務に携わり，サブスクリプション・ビジネスの事業可能性を判断する際には，短期的な損益計算書の数字で判断せず，サブスクリプション固有の視点で評価をしていただきたい。

　これらのサブスクリプション・ビジネスを評価する方法については，次章で解説する。

第 3 章

サブスクリプション・ビジネスの
管理会計

　サブスクリプション・ビジネスの開始は，従来のプロダクト売切りのフロー型からストック型モデルへの大きなビジネスモデル変革のはじまりである。当然，あなたの財務経理部門でも，従来の管理会計手法からサブスクリプション・ビジネスの管理会計や経営指標（KPI）を分析できるよう，変革しなければならない。従来の売切り型では，過去の数値を分析することが中心であったが，サブスクリプション・ビジネスのもとでは，「未来」の数値を正しく分析しながら投資判断をしていく必要がある。

01 サブスクリプションの基本的な KPI

　まず，サブスクリプション・ビジネスにおける基本的な KPI を再度確認していこう。

(1) 基本的なサブスクリプション収益モデルの公式

$$ARR_n - Churn + ACV = ARR_{n+1}$$

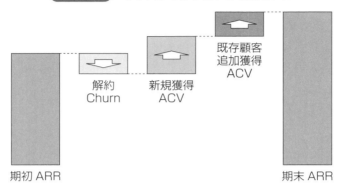

図表 3 - 1　サブスプリプションの収益モデル

① ARR（Annual Recurring Revenue：年間定期収益）

ARRは年間定期収益，つまり顧客が毎年払い続けてくれると期待できる金額である。いわゆる売上金額であるが，従来の売上のように売れた時に1回だけ計上するのではなく，その後，何年にもわたって繰り返し発生する売上である。

サブスクリプション企業では，このARRを毎年積み上げていくことに焦点を絞って活動することになるため，全社員が共通用語として正しく認識しなければならない。

例えば，従来の1回限り売切り型の売上100万円とサブスクリプションのARR100万円は，一見すると同じ価値のようにみえる。しかし，ARRは繰り返し発生する売上であるため，3年後の未来を想定してみると，300万円の価値があるといえる。このようにサブスクリプションの数字を正しく捉えなければ，誤った経営判断をすることになる。

ARRを積み上げるということは，毎年期末のARR_{n+1}を増やし続けることである。このARR_{n+1}が翌期首のARR_nになり，また翌年末のARR_{n+1}を増やし続けることで，安定したストック型モデルが成立する。

　　1期　ARR – Churn + ACV = ARR（1年目）

2期　ARR（1年目）− Churn + ACV = ARR（2年目）

3期　ARR（2年目）− Churn + ACV = ARR（3年目）

　　　……

次に，ARR を変動させる重要な2つの指標をみていこう。

②　Churn（解約）

残念ながら，すべての ARR（定期収益）が，翌期に持ち越せるわけではない。その最大の要因が，解約（Churn）である。解約とは顧客が去ってしまい，ARR（定期収益）が消滅してしまうことである。成長とは対極にある。

解約の理由は自社内外に様々ある。例えば，サービス品質が低下することで顧客の不満足が増幅する。他社がより魅力的なサービスを提供することで乗り換えられる。単純にサブスクリプションの支払を抑えるための定期的な見直しにより解約される。このような理由が考えられるだろう。

サブスクリプションの定期収益を減少させる唯一の要因が，この解約（Churn）となる。従来の売切り型ビジネスの時は，新しい見込み顧客が他社に奪われることをおそれていたが，サブスクリプションでは，既存の顧客が他社に奪われかねない。

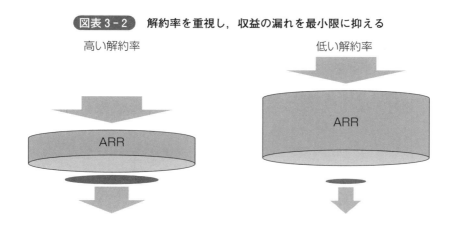

図表3−2　解約率を重視し，収益の漏れを最小限に抑える

高い解約率　　　　　　　　　　　　低い解約率

ARR

ARR

　顧客は常に，より魅力的なサービスを求め続けている。そのため，我々は，解約率を重要なKPIとして，既存顧客の価値を高め続け，収益が漏れる穴を少しでも小さくするべく，全社一丸となって取り組む必要がある。

　もう少し具体的に理解するため，なぜ解約率がARRの成長において重要になるのかをグラフにしてみる。

　前提は以下のとおり。

・毎年1,000の新規・追加契約（ACV）を獲得し続ける。

・解約率は，複数設定（2％，5％，10％，20％，30％，50％）かつ同率が継続される。

　解約率によってARR（年間定期収益）がどのように成長するかをグラフ化すると，**図表3-3**のようになる。

　このグラフをみると，「解約率」という数字が，いかにARRの成長に影響を及ぼすかが一目瞭然である。もはや解約率が20％を超えてくると，毎年一定の新規・追加契約（ACV）を獲得したとしてもARRの成長は見込めない。逆に実際に成長曲線を描くのは，解約率が10％以下の場合であることがおわかりになると思う。そのため，多くの投資家もこの「解約率」への意識が高く，非常にシビアにみてくる。

　例えば，近年急成長をみせているNetflixでは，解約防止のために不断の努

図表3-3　解約率別のARR推移

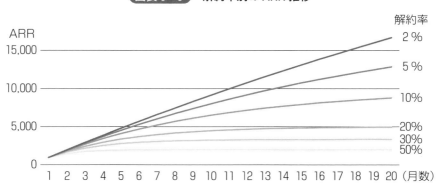

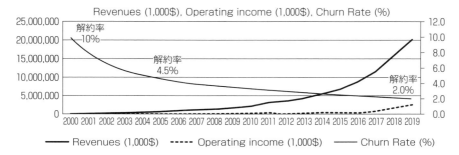

図表 3 - 4　　Netflix の解約率と ARR 推移

力を継続し，サービス開始当初は毎月顧客の10％が解約していたが，2005年には4.5％，そして2019年には 2 ％にまで減少させた。どうしても新規加入数に焦点が当たりがちだが，Netflix の急速な売上拡大と営業利益の黒字化の背景には，間違いなくこの解約率の減少効果がある。

　財務経理部門にとっても他人事ではなく，解約（Churn）による収益減に対して貢献する必要がある。例えば，次のような対応などが考えられる。

・継続か解約の 2 択ではなく，休止サービスを用意し，再契約しやすいパスを用意する

・複数プライシングを用意して，解約ではなくダウングレードのパスを用意する

・従量課金などの場合，毎月の請求額が減少傾向にある顧客をビジネス側に伝える

・月の途中で解約がある場合には日割計算に基づく請求をして解約による減少額を抑える

③　ACV（Annual Contract Value：年間契約金額）

　ACV は，新規に獲得する 1 年間の契約金額である。サブスクリプション企業におけるマーケティングや販売活動に関わるすべての人間は，多くの時間をこの ACV の獲得のために試行錯誤しながら活動することになる。この ACV

は大きく2つに分かれることになる。

(i)　新規顧客からのACV

　まず1つは，様々なプロモーションや営業活動を通じて，新規顧客を獲得し，新たに契約を締結することで増える金額である。BtoBであれば，マーケティングチームが広告やイベントなど様々な手段を駆使して受注確度の高い見込み顧客を発掘し，セールスチームが競合他社と熾烈な戦いをしながら新規顧客を受注し契約する。

　BtoCであれば，マーケティングチームを中心に大規模広告や無料トライアルなどを駆使して，新規顧客の流入を増やし，有料顧客へ転換させることでACVを増額させる。

(ii)　既存顧客の追加契約等によるACV

　もう一方で，既存顧客が，既存契約を上位版にアップグレードしたり，オプションサービスを追加購入（アップセル）したり，利用ユーザー数や利用ストレージ量を増やしたりすることで，新たなACVを得ることができる。BtoBであれば，問い合わせを受けるヘルプデスクチームとは別に，新たにカスタマーサクセスチームを編成し，顧客のニーズを把握し，事業の成功に向かってサービスのベストな活用提案などをサポートすることで，顧客満足と同時にサービス利用定着度を高めていく。結果として追加契約につなげることができる。

　BtoCだと，データアナリストなどが顧客ごとのリアルな利用体験情報や行動履歴情報をモニタリングし，適切なタイミングで上位版への移行を促すことで追加ACVを獲得することができる。

　2つのACVの違いは，対象が新規顧客か既存顧客かという点だけではなく，もう1つ重要な違いがある。それが，「**利益率**」である。

　新規顧客を獲得するには，多額のマーケティングコストや営業などの販売コストが発生する。そのため，新規に獲得するACVよりも販売コストのほうが上回るケースも多く存在する。つまり，新規顧客を獲得しても儲からない。

　一方，既存顧客からの ACV は，新規に比べて圧倒的に販売コストが少なくてすむ。ある SaaS 企業の調査では，既存顧客の売上に対するコスト比率は 25％であるため，75％が利益になる。

　もうおわかりのとおり，サブスクリプションで売上と利益の両方を実現する企業は，**既存顧客からの ACV** で利益を生み出す仕組みになっている。そのため，新規顧客 ACV と既存顧客 ACV は KPI を明確に分けて管理することをおすすめする。

　以上のように，サブスクリプションの収益モデルは，ARR（年間定期収益）を高めることにあり，そのために解約（Churn）を防止し，新規顧客や既存顧客からの ACV（年間契約金額）を増やしていくことが必要である。このバランスが重要であり，営業力だけを極限まで高め，新規 ACV を増やすことだけに注力したとしても，翌年に解約（Churn）が増えてしまえば ARR は上がらない。収益を確実に高めていくには，解約を防止し，既存顧客の価値を高めることで ACV を増やしていくという，サブスクリプション・ビジネスの大原則である顧客中心の収益モデルを築けるかが重要だ。

(2)　サブスクリプションの重要経営指標 KPI（収益編）

①　MRR（Monthly Recurring Revenue）：月間定期収益

　MRR（Monthly Recurring Revenue）は，月間の定期収益であり，下記で計算される。

MRR（月間定期収益）：顧客数×ARPA（平均顧客単価）

　この MRR を 1 年間積み上げた合計が，ARR（年間定期収益）となる。サブスクリプションでは，1 ヶ月単位での自動更新を基本契約にしているサービスも多い。この場合は，毎月の MRR の増加を最重要 KPI とすべきである。

②　ARPA（Average Revenue Per Account）：平均顧客単価

　ARPA は，顧客 1 社（1 人）当たりの平均収益である。

月間 ARPA：MRR（月間定期収益）÷顧客数

年間 ARPA：ARR（年間定期収益）÷顧客数

　この ARPA を高めることで，MRR そして ARR を加速的に積み上げることになる。新規顧客に対しても多くの価値を提案し，より大きな単価での契約を獲得したり，既存顧客に対してアップセルやクロスセルにすることによって単価を高めることができる。この ARPA は顧客がサービスに対する価値を対価として表したものであり，常にサービス改善を図り，ARPA の向上を目指していかなければならない。財務経理部門としては，この ARPA の推移に注目してほしい。

③　TCV（Total Contract Value）：契約合計金額

　TCV（Total Contract Value）とは，顧客が契約の期間中に支払う合計金額である。

TCV（契約合計金額）：ACV（年間契約金額）× 契約年数

　これは，複数年契約をする場合に利用する指標である。例えば，年間100万円を3年契約で締結した場合には，ACV は100万円だが，TCV では300万円となる。

　また，顧客によっては，段階的に利用範囲を拡大していくことを望むこともある。この場合は，段階的な複数年契約を結ぶことも有効だ。例えば，1年目：50万円，2年目：100万円，3年目：150万円の3年契約を結んだ場合，TCV は300万円となる。

　複数年契約をすることによって，契約期間内に解約される心配がなくなり，収益の確約期間が長くなることで，将来の収益をより確実に予測することが可能になる。将来収益が確約されるほど，投資計画などを立てやすくなるため，複数年契約により TCV を高めていくことは，経営上，非常に重要となる。

　そのほか契約期間内に発生する初期セットアップ費用や一度きりのサービス

料金などを含むケースもある。

④　LTV（Life Time Value）：顧客生涯価値

　LTV（Life Time Value）は，ある1人（1社）の顧客が契約を開始してから終了するまでの間にどの程度の収益を生み出すかを理解するうえで重要なKPIになる。

　LTVの計算方法は，本来，顧客ごとに契約時から現在（解約）までの期間のトータル収益を計算することで正確に把握することができる。

　しかし，LTVを概算的に把握する方法として，いくつかの計算方法があるので，あなたのサービスにあった計算式を採用していただきたい。

LTV：平均顧客単価（ARPA）÷解約率

LTV：平均継続期間×平均契約単価（ARPA）× 粗利率（Gross Margin）

など

※解約率＝解約数÷顧客数（解約数8 ÷顧客数100＝解約率8％）

※平均継続期間＝ 1 ÷解約率（1年÷解約率8％＝平均継続期間12.5年）

　例えば，ARPA10万円/年，粗利率80％，平均継続期間12.5年の場合のLTVは，

LTV：10万円×80％×12.5年＝100万円

となる。

　LTVが高い企業の特長は，常に顧客にとって魅力的かつ他社にはマネできない価値を提供し続けていることである。長期にわたって定期収益を積み上げていくサブスクリプション・ビジネスにおいては，すべての活動はこのLTVを最大化していくことにつながる。何度も繰り返しになるが，サブスクリプションでは，新規顧客獲得はもちろんだが，何より，解約率を下げ，契約期間をどれだけ長く伸ばせるか，つまり顧客を維持していくことが，定期収益を高

めていく基本動作となる。

　顧客を維持することの指標として，ネット・リテンション・レート（Net Retention Rate）で管理する会社も多い。これは，ざっくりいうと期末 ARR が期初 ARR に対して何％になったかを把握することである。

　例えば，次のような場合を考えてみる。

期初 ARR	100万円
解約（Churn）	5万円
追加 ACV	25万円
期末 ARR	120万円

　この場合のネット・リテンション・レートは，次のように120％となる。

［期末 ARR 120万円（100万円 − 5万円 + 25万円）÷100万円 = 120％］

　一方，次の場合はどうなるだろうか。

期初 ARR	100万円
解約（Churn）	25万円
追加 ACV	5万円
期末 ARR	80万円

　この場合のネット・リテンション・レートは，80％となる。

［期末 ARR 80万円（100万円 − 25万円 + 5万円）÷100万円 = 80％］

　サブスクリプションでは，このネット・リテンション・レートに注目してほしい。優れたサブスクリプション企業は120％を超えているため，ベンチマークとして自社に当てはめてはいかがだろうか。100％を下回るようだと，何か危機的な問題が発生している可能性が高い。サービス設計，プライシング，カスタマーサクセスなどを早急に見直すべく，関係各所にアラートを発信してほしい。

　このように，財務経理部門としては，目先の売上や平均単価の結果だけでなく，LTV の最大化を最重要 KPI として管理し，顧客当たりの収益の推移を把握し，中長期的な経営判断をすべきである。例えば，直近の平均単価が上がっ

ていても，平均継続期間が減少していたら LTV は減少する。このように，ビジネスが成長しているか，問題の兆候があるかをバランスよくみるには，LTV やネット・リテンション・レートが役立つ。

(3)　サブスクリプションの重要経営指標 KPI（コスト，利益編）

①　定期コスト（Recurring Costs）

ARR（年間定期収益）を確保するために**繰り返し定期的に費やすコスト**または費やす予定のコストである。代表的なところでいうと，売上原価，研究開発費，一般管理費である。顧客を維持するためには，顧客価値を高めるべく継続したサービス改善が必要になる。そのためにも定期コストが必要になる。

②　定期利益（Recurring Profit Margin）

これは，定期収益（ARR）から定期コスト（Recurring Costs）を差し引いた後の利益であり，**本来のサービスそのものが持つ収益性**を表現する。この定期利益が高い企業ほど安定的に収益を生み出しており，逆にこの定期利益がマイナスに転じている場合は，サブスクリプションとしてのビジネスが成立していないとみることができるため，注視していただきたい。

③　成長コスト（Growth Costs）

新規顧客や既存顧客から新たな収益を増やし，**ビジネスを成長させるために必要なマーケティングや営業に関わるコストが成長コスト**（Growth Costs）である。従来の売切り型ビジネスの場合は，目標売上に対して成長コストを投入することでよかった。しかし，定期収益を前提とするサブスクリプション・ビジネスにおいては，投資した成長コストから得られる売上は，同一会計年度内ではなく，圧倒的にその多くは，将来に計上される。そのため，将来の売上予測や定期利益をもとに，この成長コストを適切に判断しなければならない。

⓪2　サブスクリプションの損益計算書

　ここまで，サブスクリプション・ビジネスで押さえるべき経営指標をみてきた。次は，普段から慣れ親しんでいる損益計算書を作成し，収益を把握してみよう。経営会議や投資家向けのビジネス報告では当たり前の活動になる。

(1)　通常の損益計算書

　会計期間をもとに損益計算書を作成すると**図表3-5**のようになるだろう。結果的に，今期の売上は1,000，売上原価と販管費を差し引いた営業利益は200であったと報告する。従来の売切り型ビジネスの時はこの形式でよかった。しかし，サブスクリプション・ビジネスにおいて，この従来の損益計算書では財務管理，ビジネスの収益を正しく把握することも，投資判断をすることもできない。

　なぜなら，サブスクリプション・ビジネスでは，下記の問題点に直面するからである。

・将来にわたっていくら定期収益を積み上げているのか全くわからない。

図表3-5　**一般的な損益計算書**

損益計算書	
(202X. 4 / 1 － 3 /31)	
売上高	1,000
売上原価	(300)
売上総利益	700
販管費	
販売費	(200)
一般管理費	(300)
研究開発費	うち200
営業利益	200

・プロダクト単発販売の収益とサブスクリプション収益の区別がわからない。

・重要指標（解約率（Churn）や定期利益など）の数字がわからない。

・同業他社に比べて不利な損益計算書となる。

　仮にあなたがソフトウエア業界でSaaSサブスクリプションを提供しているとしよう。

　決算日は3月31日だとして，3月1日に3年契約で1,800万円の受注をした。この場合，損益計算書上の売上に計上できる金額は，1,800万円÷3年÷12ヶ月＝50万円（1ヶ月分）となる。一方，あなたの同業企業が，一切アップデートをしない従来型のソフトウエアライセンスを1,800万円で販売した場合は1,800万円を売上に計上できる。さらに，両社ともに当該期間における営業とマーケティングなどのコストは一括で費用計上しなければならない。

　明らかにサブスクリプション・ビジネスのほうが損益計算書上は不利にみえてしまう。投資家からすると，両社の損益計算書をみて正しく評価することができるだろうか。よほどのサブスクリプションの知識を持った投資家ならこの違いを見抜くことが可能かもしれないが，多くの投資家は正しく評価することはできないだろう。

　ズオラ（Zuora）社CEOのティエン（Tien）は，こう述べている[1]。

「第1に，伝統的な損益計算書は，継続的(リカーリング)に出たり入ったりする金額（筆者注：収益）と，そうではない1回ごとに出入りする金額を区別していない。それは，いまここにある1ドルと，今後10年にわたって毎年入り続ける1ドルのあいだに違いはない，と言っているのに等しい。定期収益はサブスクリプション・ビジネスの土台だが，従来の会計はこの事実を考慮に入れて設計されてはいない。

　第2に，営業およびマーケティング費は，過去の販売に際しての支出額に等しい。それは本質的に埋没費用(サンク・コスト)である。…サブスクリプション・ビジネスにおける営業およびマーケティング費は，将来のビジネスを推進するために行使される，将来

（1）　ティエン・ツォ，ゲイブ・ワイザート『サブスクリプション：「顧客の成功」が収益を生む新時代のビジネスモデル』（ダイヤモンド社，2018年）263〜264頁。

に向けた戦略的な支出と考える必要がある。

　そして最後に，これまでの損益計算書は過去を映し出す写真である。すでに獲得したお金，すでに支払った経費，すでに取った行動を記述しているものだ。サブスクリプション・ビジネスの損益計算書は，将来に何が見えるかを記述するものだ。」

　以上のように，従来の損益計算書は，サブスクリプション・ビジネスを正しく把握する仕組みではないことがご理解いただけたと思う。バックミラー（過去）を見続けて目的地まで運転できる人は，おそらく存在しないだろう。前（未来）を見通し，目的地まで正しく運転するためには，サブスクリプション・ビジネスに適応した新たな損益計算書が必要になる。

(2)　サブスクリプションの損益計算書

　ティエン（Tien）は，試行錯誤の結果，「サブスクリプション損益計算書」を新たに作り上げた（**図表3-6**）。彼は，この新しい損益計算書を自社の経営管理はもちろん，様々な投資家達と共有してきた。昨今では，サブスクリプション・ビジネスを正しく把握するための管理会計として広く活用され始めている。ではポイントをみていこう。

　通常の損益計算書とは異なり，トップラインは売上高ではない。サブスクリプションの損益計算書は期初のARR（定期収益）で始まり，期末のARR（定期収益）で終わる。そしてARR（定期収益）を減少させる最大要因である解約（Churn）を明らかにする。

　さらに，費用項目は大きく「定期コスト」と「成長コスト」に分かれる。定期コストとは，サービスを提供するために必要な「売上原価」，間接部門の人件費などの「一般管理費」，プロダクト開発にかかる費用の「研究開発費」などの繰り返し発生するコストを合計したものになる。

　最後に注目すべきは，通常の損益計算書では販売費および一般管理費として報告される「営業およびマーケティング費」の位置づけである。この費用項目

図表3-6　サブスクリプションの損益計算書

損益計算書	
年間定期収益（ARR）	1,000
解約金額（Churn）	(100)
純年間定期収益（Net ARR）	900
定期コスト（Recurring Costs）	
－売上原価（COGS）	(200)
－一般管理費（G&A）	(100)
－研究開発費（R&D）	(200)
定期利益（Recurring Profit）	400
成長コスト	
－営業およびマーケティング費（Growth Costs）	(300)
純営業利益	100
新規獲得する年間定期収益（New ARR or ACV）	300
期末年間定期収益（Ending ARR）	1,200

は定期コストではなく，成長コストとして区別される。これは営業およびマーケティング活動は，定期収益を最大化するための活動とみなされているからだ。

　急成長中のサブスクリプション企業が，新規顧客獲得や既存顧客の価値向上のために必要なテクノロジーや，カスタマーサクセスの人員採用などに対し，多額の積極投資をできるのは，サブスクリプション・ビジネスでの営業およびマーケティング費が将来のARRを高めるための成長コストと理解されているためであるとわかる。

　さて，サブスクリプションの損益計算書の見方を理解したところで，次に，多くの企業が頭を悩ますのが，**定期利益に対していくらの成長コストをかける**のかという点になるだろう。つまり投資の意思決定である。

①　定期利益と成長コストの考え方

　図表3-6の例では，定期利益400のうち，300を営業およびマーケティング費の成長コストとして支出し，その結果，新たに300の定期収益（ACV）を獲

得することで，期首時点の ARR 1,000に対し，期末 ARR は1,200と20％成長させている。この投資は，あなたの会社が戦っている市場の規模や成長ステージ，そして顧客からの評価程度などの要因によって大きく変わるだろう。

　例えば，あなたの会社が，成長ステージの初期段階にあり，市場には非常に大きなポテンシャルがあるとする。そして顧客満足度は高く，解約は極小化できている。ただ，残念ながら市場認知度が圧倒的に少ない。このような場合においては，定期利益と同額，いやそれ以上の金額を，営業活動や広告を含むマーケティングなどの成長コストとして積極的に投資することがある。その結果，単年度の営業利益がマイナスに転じたとしても，サブスクリプションの収益母体である期末 ARR を圧倒的に増加させ続けることができる。

　実際に，SaaS 型の優れた会計ソフトなどを提供するマネーフォワード社の過去5年の売上成長率をみると，480％→250％→88％→58.5％→55.8％と驚異的なスピードで成長をしている。売上高を5年前と比較すると，なんと94倍にもなる。驚くべき収益性を秘めたビジネスであることがわかる。ただし，損益計算書上での営業利益率という収益性の数字だけをみてみると，マイナスである（2020年11月期：通期）。

　この単年度収益の数字だけをみて，マネーフォワード社は確かに急成長しているが，本業の儲けを表す営業利益がマイナスであるため，ビジネスを長く続けられるのだろうかと懐疑的に感じてしまう残念な人がどれだけ多いことか。個人投資家ならまだしも，他社の経営陣からも同様の意見が出ることに驚きを隠せない。おそらく新規参入してきたマネーフォワード社のサブスクリプション・ビジネスとしての力量を理解していない。

　実際にマネーフォワード社を正しく分析するには，営業利益ではなく，**定期利益（Recurring Profit）**に着目するとよい。彼らが先行投資してきた積極的な優秀人材への投資と多額の広告宣伝費を差し引くと，現段階では**定期利益はすでにプラス**に転じていると推測される。彼らは戦略的に，定期利益を上回る成長コストを投資して，期末 ARR の成長スピードを高めているのであろう。また ARR を減少させる直近の解約率をみても，わずか1.2％と圧倒的に少ない。

まさに盤石な収益基盤を築きつつあると推測できる。

　もし，彼らが一定の市場を獲得したタイミングで，コントロールが容易な広告宣伝費などの成長コストを定期利益よりも低く抑えたらどうなるだろうか。その時から営業利益は黒字に転じ，すでに獲得した多くの顧客による安定成長収益と低い解約率から，長期にわたって売上と利益の両面で成長していくことになるだろう。なお，2021年11月期：第1四半期にて営業利益は黒字化されている。

　どこまで，成長のアクセルを踏み続けるかは，企業の考え方次第ではあるが，一般的には，解約率が低い，かつ ARR（定期収益）の増加が定期コストの増加よりも上回っている場合には，成長コストへの投資を続けることができる。

ケース④　マネーフォワード社の事例

　マネーフォワード社では広告宣伝費および採用についても積極的な投資を行い，期末 ARR の成長スピードを高める施策をとっている。

1　広告宣伝費

　BtoB 向けのマネーフォワードクラウド認知度向上のために2020年11月期に積極的な投資を実施している（金額は不明）。

(1)　テレビ CM

　『マネーフォワード　クラウド』，新テレビ CM を放送開始

(2)　Jリーグスポンサー

　（横浜 F・マリノス，アビスパ福岡，コンサドーレ札幌）

　①　横浜 F・マリノスとトップパートナー契約を締結

　②　アビスパ福岡とパートナー契約締結に合意

　③　北海道コンサドーレ札幌とパートナー契約を締結

2　人件費（社員数）

　営業＆マーケティング個別の数値は開示されていないが，人件費としての成長コ

ストとしても積極的に投資を行っている。

図表3-7　マネーフォワード社の人件費

	2019/11期	2018/11期	増加率
正社員数	691名	394名	175%
給料および手当（連結）	2,097,171（千円）	1,209,218（千円）	173%

　決算説明会資料からは，すでに広告宣伝費を除く EBITDA で黒字化を実現しており，2021年11月期には EBITDA の黒字化を達成するマイルストーンを置いていることがわかる。

図表3-8　マネーフォワード社の売上総利益/EBITDA（四半期推移）

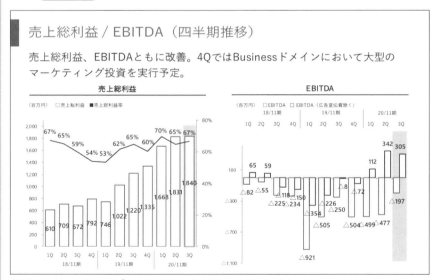

（出所：㈱マネーフォワード「2020年11月期 第3四半期 決算説明資料」（2020年10月15日））

②　最も簡単にサブスクリプションの収益と投資を理解する方法

　サブスクリプション・ビジネスの収益と投資の関係を最もわかりやすく図に表すと，図表3-9のようになる。これは，ズオラ（Zuora）社の元 CFO が，

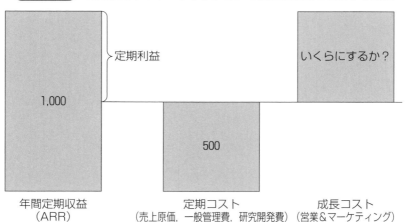

図表3-9　最も簡単にサブスクリプションの収益と投資を理解する方法

1,000

定期利益

いくらにするか？

500

年間定期収益
（ARR）

定期コスト
（売上原価，一般管理費，研究開発費）

成長コスト
（営業&マーケティング）

社内，金融機関，投資家，メディアに説明する際に用いていたフレームワークである。サブスクリプション・ビジネスを成長させるうえで，最も重要な項目であるARR（定期収益），定期コスト，成長コスト，そして定期利益が含まれており，そのすべてとARRとの関係が示されている。

　このシンプルな図は，サブスクリプションの管理会計上，様々な用途がある。

(i)　予算計画を議論する場面での活用

　管理会計上，重要かつ難しい予算計画を立てるには，売上原価，一般管理費，研究開発費など，各組織から必要コストを積み上げる方法ではなく，ARR（定期収益）のうちどの程度の割合を定期コストにするか，シンプルに決定（むしろルール化）することが重要である。

　例えば，定期コストをARRの50％にすると決まれば，同時に「定期利益」の計画も出来上がる。すると，組織の中からは，定期利益があるならば，今すぐにエンジニアや本社スタッフを増やしたいといった要求が出てくるかもしれない。ここで，この図を使って議論する効果が出てくる。定期利益は留保するのではなく，成長コストに投資され，その結果として期末ARR（定期収益）が高まることを，すべての組織に理解させることができる。ARRが高まれば，

来期の定期コストも増額される。今期は我慢したエンジニアや本社スタッフの増員は，ARR が増えることで現実のものになると納得するだろう。

　このように定期コストを ARR の割合にすると決めることで，面倒な予算編成や組織間の対立も不要となる。そのうえ，コスト部門を含むすべての組織が ARR 増加という同じベクトルに向かって進んでいく意識が醸成されてくる。

(ii)　成長コストの管理方法（成長効率指標（GEI）：Growth Efficiency Index）

　定期コストの次は，定期利益を基準として，いくらの成長コストを投資すべきかを決定するプロセスになる。この判断は非常に難しい。実際にいくらの成長コストを投資したら，どの程度の新規 ACV が増えるのか。この問いに正しく答えられなければ，成長コストは，やみくもに決定される可能性がある。そのためにも，あなたは冷静に成長効率指標（GEI）を常に管理しなければならない。

　この成長効率指標（GEI）は，次のような計算式で求められる。

GEI＝成長コスト（営業およびマーケティング費）
÷新規獲得した定期収益（ACV）

　GEI（Growth Efficiency Index）は，サブスクリプション・ビジネスを成長させるために投下した営業およびマーケティング費用（成長コスト）を，実際に新規に獲得した定期収益（ACV）で割ることによって計算される。この GEI は1.0が基準となる。

GEI の基準：1.0
成長コスト＜新規 ACV＝1.0を下回る　（投資効率性が**高い**）
成長コスト＞新規 ACV＝1.0を超える　（投資効果性が**低い**）

　ただし，サブスクリプションの場合は，営業やマーケティング活動の結果が実際に収益として計上されるには一定期間を要するため，多くの企業は GEI が1.0～2.0を許容範囲として活動していることが多い。

図表3-10　**成長コストの検討例**

例1：基準値1.0
成長コスト：300
新規ACV：300
GEI：成長コスト（300）÷新規ACV（300）＝1.0
安定成長かつキャッシュが回る限り，成長コストに投資

例2：基準値5.0（投資効果性が低い）
成長コスト：300
新規ACV：60
GEI：成長コスト（300）÷新規ACV（60）＝5.0
成長コストの効果が低く，成長コストの見直しが必要

例3：基準値0.5（投資効果性がかなり高い）
成長コスト：300
新規ACV：600
GEI：成長コスト（300）÷新規ACV（600）＝0.5
資金調達をしてでも成長コストに積極投資すべき

　このようにGEIを管理することにより，どれくらいの成長コストを投下したら，どの程度の新規ACV（定期収益）につながるかを予測することが可能になる。この基準値を参考に，成長コストを決定することが重要だ。

03　投資家への開示例

　ここまでみてきたように，従来の損益計算書ベースだけでは，サブスクリプション・ビジネスを正しく投資家へ説明することが困難である。そのため，優れたサブスクリプション企業では，試行錯誤しながら独自にわかりやすい開示を心がけているようだ。

ケース⑤　チームスピリット社の開示例（2020年 8 月決算資料より）

　チームスピリット社（㈱チームスピリット）は，勤怠・工数管理・経費精算を 1 つにした，働き方改革のためのクラウドプラットフォームをサブスクリプションで提供している会社である。チームスピリット社の開示資料は，すべてのサブスクリプション企業にとって，お手本になるべき，まさにサブスクリプション開示資料の教科書といえる。いくつかポイントをみていこう。

1　ARR の四半期推移

　まずチームスピリット社の決算資料から，ライセンス ARR の四半期推移をみてみると（**図表 3 -11**），サブスクリプション・ビジネスの収益基盤であるライセンス ARR を四半期ごとに着実に積み上げており，期初 ARR（1,636百万円）に対して期末 ARR（2,170百万円）はプラス32.6％もの成長を実現している。しかもこのコロナ禍の中にもかかわらず，である。

　また，彼らはサブスクリプション・ビジネスであるため，翌期首 ARR は2,170百万円から始まる。これは，ほぼ確約された収益となる。当たり前のこととはいえ，毎年売上がゼロから始まるプロダクト販売企業からするとうらやましい限りである。

　そして彼らは，この ARR を成長させた主な要因を具体的に開示することで，サ

図表 3 -11　チームスピリット社の ARR 四半期推移

（出所：㈱チームスピリット「2020年 8 月期　決算説明資料」（2020年10月13日））

ブスクリプションの経営状態を正しく説明しようとしている。

2　解約率（Churn）の推移

　ARR を減少させる解約率については，解約数と MRR 金額の両軸を月次推移として説明している（**図表 3 -12**）。 1 ％を下回る解約率で推移しているというのは，驚くべき数字である。

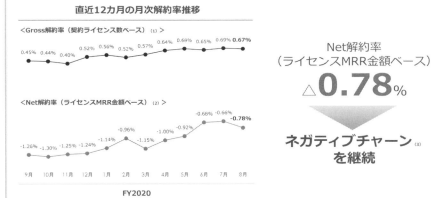

図表 3 -12　チームスピリット社の解約率推移（月次）

（出所：㈱チームスピリット「2020年 8 月期 決算説明資料」（2020年10月13日））

　また「ネガティブチャーン」という表現を使っているが，これは MRR 金額ベースで解約率が 0 よりも少ないマイナスになっている状態を表している。つまり，解約やダウングレードによる収益減を上回る追加契約（既存顧客からのアップセル，クロスセル）を獲得できていることを表している。これは顧客満足度が総体的に非常に高く推移している状態であり，今後も着実に ARR を積み上げていくことが読み取れる。

3　契約社数と ARPA（平均顧客単価）

　また，図表 3 -13をみると，契約社数は1,400社を超え，月次ベースの ARPA（平均顧客単価）は128千円に上昇していることがわかる。この要因は，中堅大企業の

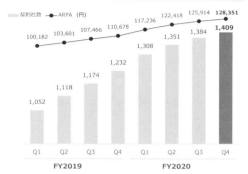

図表 3-13　チームスピリット社の契約社数・ARPA の推移

契約社数・ARPA（四半期推移）

(出所：㈱チームスピリット「2020年８月期 決算説明資料」（2020年10月13日））

新規顧客が増加していることで契約単価が増えているようだ。

　以上のことから，彼らの収益基盤であるライセンス ARR が32.6％成長した要因として，極度に低い解約（１％未満），解約による収益減を上回る既存顧客からの追加契約，平均単価が高い新規顧客の獲得による ACV 追加，をわかりやすく説明している。

ケース⑥　freee 社の開示例（2020年６月期決算開示資料より）

　freee 社（フリー㈱）は，個人事業者や中小・中堅企業向けにバックオフィス業務を効率化するための SaaS 型クラウドサービスを提供する2012年に設立された会社である。同社の決算開示資料も，サブスクリプション開示資料として学びが大きい。

1　ARR（四半期ごと）の推移

　彼らが最も重視している指標が ARR である（図表 3-14）。

　彼らは月次課金が中心であるため，MRR（月次定期収益）を12倍することで ARR を算出している。2020年６月期では，期首 ARR に対して約50％もの成長を実現していることがわかる。３年前から比べると400％というスピードで成長を続けている。

図表 3 -14　freee 社の ARR 推移

ARR

- ARR[1]は前年同期比+49.8%の7,898百万円

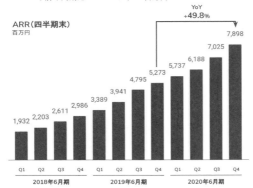

（出所：フリー㈱「2020年 6 月期 第 4 四半期 決算説明資料」（2020年 8 月12日））

図表 3 -15　freee 社の解約率の推移

解約率

- 2020年6月期の12ヶ月平均解約率[1]は1.6%。
- 当社サービスを長く利用する既存ユーザーの割合が上昇していることに加えて、下記施策の実行により、継続的な改善を実現

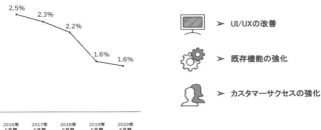

（出所：フリー㈱「2020年 6 月期 第 4 四半期 決算説明資料」（2020年 8 月12日））

2　解約率の推移

　また，同社は解約率の過去5期からの推移を開示している（図表3-15）。

　5期前は2.5%だった解約率が，今期は1.6%にまで低下していることがわかる。個人事業者などを含んで1.6%という解約率は，圧倒的に少ない。そのためにUI/UXの改善や既存機能の強化，そしてカスタマーサクセスの強化など，顧客価値を高めるための施策の成果が着実に表れているのだろう。

3　定期コストと成長コストの対売上高比率

　freee社は，急速な成長のためのアクセルを踏み続けているステージにある。そのため，定期コストとしての継続的なサービス開発R&Dや新規顧客獲得に向けた成長コストとしての営業およびマーケティング費用を，積極的に投資している。これらの投資額を売上高比率の推移で開示させることによって，比率が減少していることがわかる（図表3-16）。

図表3-16　freee社の成長投資

販売費及び一般管理費の対売上高比率(1)

（出所：フリー㈱「2020年6月期 第4四半期 決算説明資料」（2020年8月12日））

　これは実際の投資額が減っているわけではない。例えば，R&Dでみると，以下のように増加している。

```
2018年6月期：1,602百万円（売上高2,414百万円 ×66.4%）
2019年6月期：1,621百万円（売上高4,516百万円 ×35.9%）
2020年6月期：1,958百万円（売上高6,895百万円 ×28.4%）
```

　つまり，これらの投資額が売上高の成長にかなり効率的に結びついていることを，わかりやすく説明している。単純に投資額を並べるのではなく，売上高比率を用いることで，投資家に対し，投資効率性を正しく理解させることができる。

ケース⑦　アドビ社の開示例

　アドビ社（Adobe）は，かつて画像や動画編集などのクリエイティブ・スイートのソフトウエアを中心にライセンス販売する世界的な優良企業であった。2012年に，業績としては絶頂の中，投資家に向けて，突如として年間300万ユニットにもおよぶライセンス販売を中止して，サブスクリプション方式に大転換をする発表をした。

　彼らのその後の推移をみてみよう。

　アドビ社では，2011年11月期（FY11）のサブスクリプション方式への大転換後，Product（ライセンス）売上が，FY11からFY15にかけて，3,416.5M＄，3,342.8M＄，2,470.1M＄，1,627.8M＄，1,125.1M＄と急激に下降し，連動するように全社売上が，FY14時点でFY11よりも減少している。

図表 3 -17　アドビ社の業績の推移

	Fiscal 2015	Fiscal 2014	Fiscal 2013	Fiscal 2012	Fiscal 2011
Product	$1,125.1	$1,627.8	$2,470.1	$3,342.8	$3,416.5
Percentage of total revenue	24%	39%	61%	76%	81%
Subscription	3,223.9	2,076.6	1,137.9	673.2	458.6
Percentage of total revenue	67%	50%	28%	15%	11%
Services and support	446.5	442.7	447.2	387.7	341.2
Percentage of total revenue	9%	11%	11%	9%	8%
Total revenue	$4,795.5	$4,147.1	$4,055.2	$4,403.7	$4,216.3

（出所：アドビ社 From10-K（FY2013およびFY2015））

　しかし，実は，その間サブスクリプション売上は，FY11の458.6M＄からFY15
の3,223.9M＄へと約７倍に成長しており，株価もそれに連動する形で27.42＄
（FY11）から，91.46＄へと約3.3倍の成長をしている（図表３-18）。
　さらにその後，FY19にはサブスクリプション売上（9,634M＄）の上昇と連動し，
株価は309.53＄とFY11時点と比較して約11.3倍まで伸びていることから，近年の
サブスクリプション売上が株価にどれだけの影響をもたらすのかについても，ご理
解いただけたことだろう。

図表３-18　アドビ社のサブスクリプション売上と株価の推移

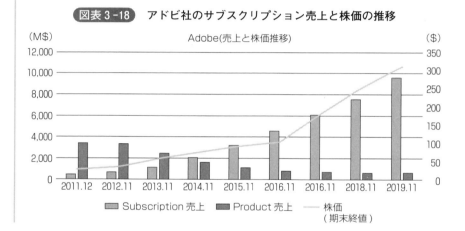

第 2 部

サブスクリプション・ビジネスの
会計・税務・組織再編

第 2 部の目的

　第 2 部では，第 1 部でのサブスクリプション・ビジネスの実務，計画設定など実務面の検討を踏まえ，まず第 4 章において，現状の会計制度・税制がどのようなものかの検討を行う。特に第 1 部で述べたサブスクリプション・ビジネスにおける時間軸という概念を踏まえた管理会計的な考えと，現状の伝統的な日本の会計との差異分析を行う。

　そして第 5 章ではサブスクリプション・ビジネスの税務戦略として，サブスクリプション・ビジネスにおいて活用できる税務トピックを解説していく。この章は，一見単なる現行制度の解説に思え，怠惰な感じがするかもしれない。しかし，税務戦略＝タックス・ストラテジーの立案にあたっては，個別税制の理解とともに，組織再編税制，連結納税制度（グループ通算制度）の視点を組み合わせた「グループ全体での視点」による戦略立案が重要になるのである。そのグループ全体での視点を持ち，個別税制を理解したうえで，自社グループにとってどのような税務戦略を立案すべきなのかという視点が重要である。その個別税制を理解したうえでグループ全体での視点を加えて，連結納税制度，グループ通算制度，組織再編税制のメリットを活用し，なおかつそれらの視点による税効果会計といったブックメリットまで考察することで，実効税率は10％以上も変わることがある。

　まさに投資やファイナンスの視点から実効税率のグループ全体での適切なコントロールを考えるうえでの基礎的な理解を行うことが，第 2 部の目的である。

　第 6 章ではサブスクリプション・ビジネスをどのような組織体制で行うかの考察を行う。ホールディングス（持株会社）など，複数の組織体制を比較したうえで，第 4 章，第 5 章において学んだ個別・グループ税制や組織再編税制を加味したグループの組織体制の変更に関する検討を行う。サブスクリプション・ビジネスにおけるグループの組織体制の最適化（持株会社化）に関する考察である。

　そして，終章では従来型の PL や短期利益の視点による財務・税務戦略では

なく，将来キャッシュフローの最大化という観点からサブスクリプション・ビジネスにおいて重要な経営指標について解説し，財務・税務戦略の立案についての考え方を整理する。それらを通じ，サブスクリプション・ビジネスの考え方や収益管理方法を正しく理解し経営陣や，ビジネス部門に対してビジネス・プランや投資判断，組織形態などを含めた的確な洞察を与える存在，いわば「サブスクリプション CFO」に期待される役割について述べていく。

第 4 章

サブスクリプション・ビジネスの
収益認識に関する会計・税務

01　財務会計と企業グループ税務

　第1部第3章では管理会計の視点から，サブスクリプション・ビジネスにおける会計を分析した。そこでは，従来の短期的な考え方とは大きく異なる，時間軸を加味した管理会計的分析が行われていたことがわかった。

　一方で，財務会計ではどうかというと，依然として従来型の収益・費用の認識が行われており，時間軸を加味した管理会計分析や投資指標とは考え方が大きく異なっている。

　税務においても，収益・費用の認識は，会計と同様に従来型の考え方を踏襲したものとなっており，収益認識会計基準が導入された後でもその点は変わらない。

　税制に関していうと，この数年間の税制改正では産業競争力の向上，投資の喚起，ベンチャーの育成が大きなテーマとなっており，研究開発減税，ベンチャー投資減税など，サブスクリプションに関連する企業が活用できそうな税制も数多く生まれている。特にAIやソフトウエア，ウエアラブルなど，新たなソフト開発にも研究開発税制が適用可能となり，ベンチャー企業や大学等とのオープンイノベーションの促進に税制措置が大きく舵を切っている。

　また，連結納税制度およびこれからできるグループ通算制度の採用について

も，欠損金の活用，研究開発減税やベンチャー投資減税といった各種の税制優遇策を各社の個別最適ではなく，グループ全体での全体最適の観点から検討すべきだと考える。スタートアップ期において，開発費やマーケティング費用等の先行投資が大きくなり単年度の損益は赤字となるケースが多いサブスクリプション企業こそ，連結納税制度（グループ通算制度）を採用すれば，その欠損をグループ全体での損益通算で活用でき，多額の開発費をグループ全体で活用し研究開発税制のタックスメリットを享受できるというように，グループ全体で税制を活用するタックスプランニングが重要な論点となるだろう。

　サブスクリプション・ビジネスを実施する企業こそ，単体でのタックス・ストラテジーではなく，グループ全体でのタックス・ストラテジーの視点が非常に重要になる。

⓪② 収益認識会計基準の概要

　2018年3月に企業会計基準第29号「収益認識に関する会計基準」（以下「収益認識会計基準」という）および企業会計基準適用指針第30号「収益認識に関する会計基準の適用指針」（以下「収益認識適用指針」という）が公表され，それに伴う税法改正により収益の額に係る法人税法上の取扱いが明確化され，会計基準と法人税法上の取扱いについては同一のものとなった。

　その一方で，収益認識会計基準の導入に伴う消費税法の改正は行われず，消費税に関しては従来どおり「資産の譲渡等が生じた時点」で課税取引を認識するため，収益認識の時点や金額について，会計基準・法人税法上の取扱いとは異なる取扱いとなる可能性がある。なお，サブスクリプションに関しては，実務対応報告第17号「ソフトウェア取引の収益の会計処理に関する実務上の取扱い」が規定されているものの，収益認識会計基準の導入に伴い廃止されたため，ここでは論じないものとする。

　従来，収益の認識に関する包括的な会計基準は明文化されておらず，「企業会計原則」において「売上高は，実現主義の原則に従い，商品等の販売又は役

務の給付によって実現したものに限る。」とのみ規定されていたが，国際的な動向を踏まえて2018年に開発された収益認識会計基準により，明確に規定されることになった。

　収益認識会計基準に関しては，5つのステップに分けて売上高等の収益の認識について規定している。

　　ステップ1　顧客との契約を識別する（顧客との合意，かつ所定の要件の充足）
　　ステップ2　契約における履行義務を識別する（財またはサービスが所定の要件を充足）
　　ステップ3　取引価格を算定する（変動対価・現金以外の対価を考慮し，金利等の調整）
　　ステップ4　契約における履行義務に取引価格を配分する（取引価格を配分・見積）
　　ステップ5　履行義務を充足した時にまたは充足するにつれて収益を認識する（一定の期間にわたり充足され，所定の要件を満たさない場合には一時点で充足される）

図表4-1　収益認識に関する5つのステップ

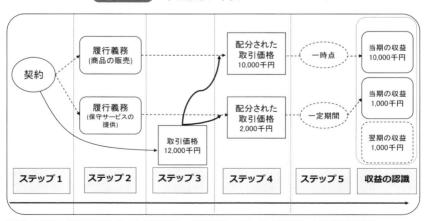

（出所：国税庁「『収益認識に関する会計基準』への対応について～法人税関係～」平成30年5月）

◯３ ライセンス収入における収益認識会計基準の取扱い

(1) アクセスする権利か，使用する権利か

　サブスクリプションにおいては，ソフトウエアのライセンスの付与という形でサービスを提供するケースが多く，そのライセンスの収益認識会計基準上の取扱いを整理する。

　ライセンスの収益計上においては，収益を一括で計上すべきか，期間の経過に応じて計上すべきかという論点がある。収益認識適用指針では，それを「ライセンス期間にわたり存在する企業の知的財産にアクセスする権利」なのか「ライセンスが供与される時点で存在する企業の知的財産を使用する権利」なのかによって区分するとされている。

　「ライセンス期間にわたり存在する企業の知的財産にアクセスする権利」の場合については，一定の期間にわたり充足される履行義務として処理し，「ライセンスが供与される時点で存在する企業の知的財産を使用する権利」である場合には，一時点で充足される履行義務として処理することとされている。

　つまり，通常イメージする SaaS（Software as a Service）のようなサブスクリプション型ビジネスにおいては，ソフトウエアはサービス提供者の管理下にあるクラウド上で管理され，契約期間中においてもソフトウエアのアップデート・レベルアップ等が継続的にかつ頻繁に行われる。配信型のビジネスであれば，音楽や映像等のコンテンツが継続的かつ頻繁にアップロードされることから，「ライセンス期間にわたり存在する企業の知的財産にアクセスする権利」に該当し，一定期間にわたり収益を計上することになる。

　一方で，オンプレミス（on-premises）のように，ソフトウエアが利用者の社内のサーバー等で管理され，ある程度完成されたソフトで，レベルアップ等が予定されていないようなものである場合には，「ライセンスが供与される時点で存在する企業の知的財産を使用する権利」とされ，一時点で収益を認識することになる。

図表 4 - 2　ライセンスの会計処理

■ 一定の期間にわたり充足される履行義務については、**履行義務の充足に係る進捗度を見積り、当該進捗度に基づき収益を一定の期間にわたり認識**(基準41)

<進捗度の見積り方法>

・**アウトプット法**
使用される指標⇒ex.生産単位数、引渡単位数、経過期間

・**インプット法**
使用される指標⇒ex.消費した資源、発生した労働時間、経過期間

■ ライセンス（企業の知的財産に対する顧客の権利を定めるもの）を供与する約束が、独立した履行義務である場合には、ライセンスを顧客に供与する約束が、顧客に次の①または②のいずれを提供するものかを判定(指針62)

①　ライセンス期間にわたり存在する企業の知的財産にアクセスする権利	**一定の期間にわたり充足**される履行義務 ⇒一定の期間にわたり収益を認識する。
②　ライセンスが供与される時点で存在する企業の知的財産を使用する権利	**一時点で充足される**履行義務 ⇒一時点で収益を認識する。

■ 売上高又は使用量に基づくロイヤルティについては、次のいずれか遅い時に認識
  ➤ ライセンスに関連して、顧客が売上高を計上する時又は顧客が使用する時
  ➤ 当該ロイヤルティが配分される履行義務が充足される時(指針67)

（出所：国税庁「『収益認識に関する会計基準』への対応について～法人税関係～」平成30年5月）

(2)　ライセンス契約と他の契約

　収益認識適用指針では，ライセンスの供与については，ライセンスが顧客との他の契約と別個のものでない場合には，ライセンスと他の契約を一括して単一の履行義務として処理することとされ，そのうえで「一定期間で充足される履行義務」であるか「一時点で充足される履行義務」であるかを判定することとされている。

　ライセンスが，顧客との他の契約と別個のものであり，独立した履行義務である場合には，ライセンス契約が「ライセンス期間にわたり存在する企業の知

的財産にアクセスする権利」なのか「ライセンスが供与される時点で存在する企業の知的財産を使用する権利」なのかを判定する。

　そのうえで「ライセンス期間にわたり存在する企業の知的財産にアクセスする権利」である場合には，"一定の期間"にわたり充足される履行義務として，「ライセンスが供与される時点で存在する企業の知的財産を使用する権利」である場合には，"一時点"で充足される履行義務として処理し，顧客がライセンスからの便益を享受できるようになった時点で収益を認識することとされている。

ケース⑧　ライセンス収入における収益認識の例

1　アクセス権の場合

一定の期間で収益を認識する

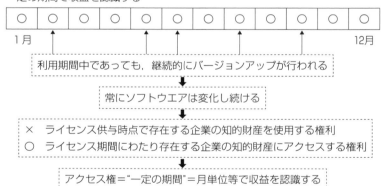

　年払の場合には，顧客の支払時点で前受収益として計上し，毎月均等に一定額を前受収益から売上に振り替えることが考えられる。

〈仕訳例〉

（年払で代金受領）　預金　　　1,200　／　前受収益1,200

（毎月）　　　　　　前受収益　100　／　売上高　　100

2　使用権の場合

一時点で収益を認識する

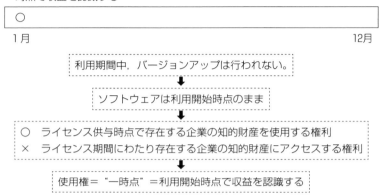

　年払の場合には，顧客の支払時点で前受金として計上し，利用開始時点で全額を前受金から売上に振り替えることが考えられる。

〈仕訳例〉

（年払で代金受領）　預金　　1,200　/　前受金　1,200

（利用開始時点）　　前受金　1,200　/　売上高　1,200

［参考］初月無料と無料トライアルの売上の会計処理例

　サブスクリプション・ビジネスにおける会計基準は確立されていないため，以下は筆者の私見であることに留意されて読んでいただきたい。

　よくみる「初月無料」や「無料トライアル」の場合の売上計上は，非常に似たような概念ではあるが，売上計上の方法は異なることになる。

　無料期間が契約締結前なのか契約締結後なのかによって，売上計上の時点と金額の認識が異なることとなる。

初月無料トライアルの場合

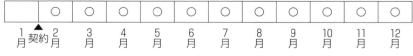

　1月はトライアル期間であり，契約締結前なので収益の認識はしない。

1ヶ月分無料（フリーレント）の場合

1月は契約期間中なので，収益の認識をする。

　初月無料トライアルの場合には，契約期間前のお試し利用であり，契約がない＝収益認識をしないということになる。一方で，いわゆるフリーレント契約のように契約後における無料期間は，契約締結後であり期間中の中途解約不可の場合には，実質的には契約期間中の期間における割引と考えられるため，無料期間の賃料を契約期間中の期間で均等に認識することとなる。

図表4-3　初月無料トライアルの会計処理例

　例）月額120のサービスを年間契約（解約不可）したが契約初月無料のため1,320を一括で受領した。

×	0	120	120	120	120	120	120	120	120	120	120	120	1,320
	1月	2月	3月	4月	5月	6月	7月	8月	9月	10月	11月	12月	合計

○	110	110	110	110	110	110	110	110	110	110	110	110	1,320
	1月	2月	3月	4月	5月	6月	7月	8月	9月	10月	11月	12月	合計

※11か月を12月で均等に割って計上する（120×11月÷12月）

○4. 財とサービスの組み合わせ販売の収益認識

　サブスクリプション・ビジネスにおいては，機材とサービスのセットでの販売など，組み合わせでの販売やソフトウエアの提供にあたって，導入費用がかかるものなども想定される。

　収益認識会計基準では，一体の契約か別個の契約かについては，「同一の契約目的で契約されたか」「対価の額が別の契約の価格または履行状況により影響を受けるか」により判断するものとされている。

図表4-4　契約の結合

■　同一の顧客（当該顧客の関連当事者を含む）と同時又はほぼ同時に締結した複数の契約について，一定の要件を満たす場合には，当該複数の契約を結合し単一の契約とみなして処理（結合した契約に複数の履行義務がある場合には，それぞれ履行義務を識別し，取引価格を配分）（基準27.17）

《イメージ》

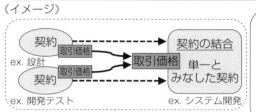

【会計基準第7項】
「履行義務」とは，顧客との契約において，次の⑴又は⑵のいずれかを顧客に移転する約束をいう。
⑴　別個の財又はサービス（あるいは別個の財又はサービスの束）
⑵　一連の別個の財又はサービス（特性が実質的に同じであり，顧客への移転のパターンが同じである複数の財又はサービス）

■　契約における取引開始日に，顧客との契約において約束した財又はサービスを評価し，別個の財又はサービスを顧客に移転する約束のそれぞれについて履行義務として識別（基準32等）

《イメージ》

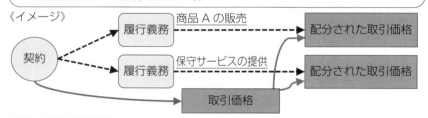

（出所：国税庁「『収益認識に関する会計基準』への対応について～法人税関係～」平成30年5月）

　また，別個の契約として取り扱う場合として，「当該財又はサービスから単独で顧客が便益を享受することができること，あるいは，当該財又はサービスと顧客が容易に利用できる他の資源を組み合わせて顧客が便益を享受することができること」「当該財又はサービスを顧客に移転する約束が，契約に含まれる他の約束と区分して識別できること」が示されている。

［参考］契約の結合

　収益認識会計基準では，同一の顧客（関連当事者を含む）と同時またはほぼ同時に締結した複数の契約について，以下のいずれかに該当する場合には，単

一の契約とみなして処理するように求めている。

(1)　当該複数の契約が同一の商業的目的を有するものとして交渉されたこと

(2)　1つの契約において支払われる対価の額が，他の契約の価格または履行により影響を受けること

(3)　当該複数の契約において約束した財またはサービスが，収益認識会計基準第32項から第34項に従うと単一の履行義務となること

　一方で次の要件の両方を満たす場合には，別個の契約とすることとされている。

(1)　当該財またはサービスから単独で顧客が便益を享受することができること，あるいは，当該財またはサービスと顧客が容易に利用できる他の資源を組み合わせて顧客が便益を享受することができること（すなわち，当該財またはサービスが別個のものとなる可能性があること）

(2)　当該財またはサービスを顧客に移転する約束が，契約に含まれる他の約束と区分して識別できること（すなわち，当該財またはサービスを顧客に移転する約束が契約の観点において別個のものとなること）

⓪5　収益認識会計基準に関する税務上の取扱い

　前述のとおり，平成30年度税制改正により，法人税法についても収益認識会計基準導入に伴う手当てが行われ，原則として会計基準と法人税法上の取扱いは一致することになった。

(1)　収益認識会計基準導入前の法人税法上の収益認識

　従来，法人税法における収益の認識については法人税法第22条（各事業年度の所得の金額の計算）に規定されており，第2項では次のように規定されていた。

　「（第2項）内国法人の各事業年度の所得の金額の計算上当該事業年度の益金の額

に算入すべき金額は，別段の定めがあるものを除き，資産の販売，有償又は無償による資産の譲渡又は役務の提供，無償による資産の譲受けその他の取引で資本等取引以外のものに係る当該事業年度の収益の額とする。」

「（第4項）「一般に公正妥当と認められる会計処理の基準に従って計算される」」

　前述のとおり，会計基準上も明確な規定がなかったため，それを準用していた税務上の取扱いも明確になっていなかったといえる。

⑵　収益認識会計基準導入に伴う法人税法上の収益計上基準の明確化

　平成30年度税制改正では，法人税法第22条第4項が改正され「第2項に規定する当該事業年度の収益の額及び前項各号に掲げる額は，<u>別段の定めがあるものを除き</u>，一般に公正妥当と認められる会計処理の基準に従って計算されるものとする。」として「別段の定めがあるものを除き」という文言が加わるとともに，法人税法第22条の2（収益の額）が新設された。

「（第1項）内国法人の資産の販売若しくは譲渡又は役務の提供（以下この条において「資産の販売等」という。）に係る収益の額は，別段の定め（前条第4項を除く。）があるものを除き，その資産の販売等に係る目的物の引渡し又は役務の提供の日の属する事業年度の所得の金額の計算上，益金の額に算入する。」

　この改正により法人税法第22条において受取配当等の益金不算入額等の「別段の定め」があるものを除き，「一般に公正妥当と認められる会計処理の基準」に従うものとされ，また，法人税法第22条の2において収益認識時期・益金算入額等が明示されることにより，収益認識に関する会計基準と法人税法上の取扱いは原則として一致することとなった。

図表4-5 収益認識会計基準に伴う法人税法の改正

○ ステップ1
「契約の識別」

○ ステップ2
「履行義務の識別」

○ ステップ3
「取引価格の算定」
→ 値引き，リベート，返金等，取引の対価に変動性のある金額が含まれる場合は，その変動部分の金額を見積り，その部分を増減して取引価格を算定する。
（注）取引後の債務者の信用状態の悪化は従前どおり引当金処理が行われる。

○ ステップ4
「取引価格の配分」

○ ステップ5
「履行義務の充足」
→ 履行義務を充足した時に又は充足するにつれて，収益を認識する。
（注）割賦販売における割賦基準に基づく収益認識は認められない。

改正 →

○ 資産の販売等に係る収益の額として益金の額に算入する金額は，原則として資産の引渡し等の時の価額（時価）とすることを法令上明確化する（30改正新法22の2④）
　この場合における価額は，貸倒れ及び買戻しを考慮しない（30改正新法22の2⑤）
○ 返品調整引当金制度は，所要の経過措置を講じた上，廃止する（30改正旧法53）

《損金算入限度額のイメージ（3月決算法人の例）》

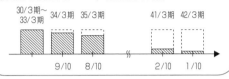

改正 →

○ 資産の販売等による収益の額は，原則として目的物の引渡し等の日の属する事業年度の益金の額に算入することを法令上明確化する（30改正新法22の2①）
○ 長期割賦販売等に該当する資産の販売等について延払基準により収益の額及び費用の額を計算する選択制度は，所要の経過措置を講じた上，廃止する（30改正旧法63）
→ 施行日（平成30年4月1日）前に長期割賦販売等に該当する資産の販売等を行った法人の経過措置事業年度については，現行の延払基準の方法により収益の額及び費用の額を計算することができる
→ 経過措置事業年度の途中で延払基準の方法により経理しなかった場合は，下図のとおり

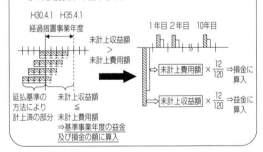

第7項	第6項	第5項	第4項	第3項	第2項	第1項	○30改正新法22条の2の概要
法22条2項を受けて資産の販売等に係る収益の額の通則について規定							
政令委任	現物配当	収益の計上額		収益の計上時期			
・値引きや割戻しによる譲渡資産等の時価の事後的な変動について、修正経理を行った事業年度の損益に算入する等の処理について政令に委任	・無償による資産の譲渡に係る収益の額が含まれる。すなわち、現物配当等は資産の譲渡と利益分配等の混合取引であり、資産の譲渡に係るキャピタルゲインについて課税されることの明確化	(注)新会計基準では、回収不能や返品の影響も見積って取引価格に反映することから、そのような処理は認められない	(注)値引きや割戻しについては、譲渡資産等の時価をより正確に反映させるための調整と位置づけることができる	・収益の額を近接する日の属する事業年度において申告調整することも認められる ただし、引渡し等の日又は近接する日の属する事業年度において収益経理している場合には、申告調整によりこれらの日以外の日の属する事業年度の益金に算入することはできない	(注)割賦基準における回収日に該当しない (例)契約効力発生日、仕切精算書到達日、検針日 等 ・公正処理基準に従って、引渡し等の日に近接する日の属する事業年度に収益経理することも認められる	・原則として、収益の計上時期は目的物の引渡し又は役務の提供の日の属する事業年度となる (注)役務の提供には資産の貸付けを含む (例)出荷日、検収日、作業結了日、使用収益開始日　等	
		・引渡しの時における価額又は通常得べき対価の額には、貸倒れや返品の可能性がある場合においてもその影響を織り込むことはできない	・販売若しくは譲渡をした資産の引渡しの時における価額又はその提供をした役務につき通常得べき対価の額に相当する金額とは、一般的には第三者間で通常付される価額(いわゆる時価)をいう				

(出所：国税庁「『収益認識に関する会計基準』への対応について～法人税関係～」平成30年5月)

(3)　ライセンスの収入における税務の取扱い

　収益認識会計基準の導入により，ライセンス収入に関する会計基準と税務上の取扱いも一致することになった。

　法人税基本通達2-1-21の2によって，役務の提供のうちその履行義務が一定の期間にわたり充足されるものについては，その収益の額は，その履行義務が充足されていくそれぞれの日の属する事業年度の益金の額に算入されることになった。

　そして，法人税基本通達2-1-21の3によって，役務の提供のうち履行義務が一定の期間にわたり充足されるもの以外のものについては，その収益の額は，引渡し等の日の属する事業年度の益金の額に算入されることとされた。

　また，法人税基本通達2－1－21の5によって，履行義務が一定の期間にわたり充足されるものについては，進捗度に応じて収益を認識することとされている。

　なお，法人税基本通達2－1－30において，知的財産のライセンスの供与に係る収益の額については，収益認識会計基準同様に知的財産のライセンスの性質に応じ，「ライセンス期間にわたり存在する法人の知的財産にアクセスする権利については履行義務が一定の期間にわたり充足されるもの」もしくは「ライセンスが供与される時点で存在する法人の知的財産を使用する権利については履行義務が一時点で充足されるもの」として取り扱われている。

(4)　財とサービスの組み合わせ販売の税務上の取扱い

　ライセンス収入同様に，財とサービスを組み合わせた販売についても，収益認識会計基準の導入により，会計基準と税務上の取扱いが一致することとなった。

　法人税基本通達2－1－1において，収益認識基準の対象となる資産の販売もしくは譲渡または役務の提供に係る収益の額は，原則として個々の契約ごとに計上することとされた。

　ただし，収益認識会計基準と同様に，次に掲げる場合に該当する場合には，それぞれ次に定めるところにより区分した単位ごとにその収益の額を計上することができるとされた。

契約・履行義務のパターン	収益単位
同一の相手方等と同時期に締結した複数の契約について，当該複数の契約において約束した資産の販売等を組み合わせて初めて単一の履行義務となる場合	当該複数の契約による資産の販売等の組み合わせでの計上
一の契約の中に複数の履行義務が含まれている場合	それぞれの履行義務ごとに計上

06　まとめ

　サブスクリプション型ビジネスにおいては，ソフトウエアはクラウド上で管理され，契約期間中においてもソフトウエアのアップデート・レベルアップ等が継続的にかつ頻繁に行われることから，「ライセンス期間にわたり存在する企業の知的財産にアクセスする権利」に該当し，一定期間にわたり収益を計上することになる。

　一方で，オンプレミス（on-premises）のように，ソフトウエアが社内のサーバー等で管理され，レベルアップ等が予定されていないようなものである場合には，「ライセンスが供与される時点で存在する企業の知的財産を使用する権利」とされ，一時点で収益を認識することになる。

　平成30年度税制改正により，法人税の収益計上基準は，収益認識会計基準の考え方と一体化された。

第5章

サブスクリプション・ビジネスの
タックスプランニング

01 サブスクリプション・ビジネスの税務戦略

(1) タックス・ストラテジーの基本的な考え方

平成22年度税制改正において，グループ法人税制が創設され，企業グループを包括する税制として位置づけられるとともに，連結納税制度・組織再編税制の大改正が行われた。

そのことにより，組織再編税制・グループ法人税制・連結納税制度といった企業グループを取り巻く3つのフレームワークが，ある程度一体的に整合性を持った形となった。さらに令和2年度税制改正では，連結納税制度が改組されグループ通算制度が導入されることとなり，制度間の齟齬が修正され，整合性がより強まる改正が行われている。

企業グループを取り巻く税制を理解するうえでは，組織再編税制・グループ法人税制・連結納税制度の3つの税制を一体的に理解することが重要である。

サブスクリプション・ビジネスを行う事業を傘下に持つ企業においては，特に企業文化や収益の動向が，既存ビジネスとサブスクリプション・ビジネスでは大きく異なるものとなる。特に，サブスクリプション・ビジネスの初期段階・スタートアップ期においては，開発費やマーケティング費用等の先行投資

が大きくなり，単年度の損益は赤字となるケースが多いと思われる。単体納税の場合には，欠損は繰越控除され，研究開発税制は赤字なのでタックスメリットは享受できないが，連結納税制度（グループ通算制度）を採用すれば，その欠損をグループ全体での損益通算で活用できるとか，グループ全体であれば既存事業の黒字があるので，研究開発税制のタックスメリットを享受できるというような，グループ全体でのタックスメリットが考えられる。

　サブスクリプション・ビジネスを実施する企業こそ，単体でのタックス・ストラテジーではなく，「グループ全体」でのタックス・ストラテジーの視点を持つことが非常に重要になる。

(2)　グループ税制を考えるうえでの3つのメリット

　税務におけるメリットには，タックスメリットのほかにも，ブックメリット（税効果会計上のメリット）と，グループマネジメントメリットといった視点がある。

　通常，税制上のメリットといった場合には，税金の削減メリットいわゆるタックスメリットを指すと思われる。しかし後述するが，近年ではそれ以上に後者の2つのメリットが重要となりつつある。通常はタックスメリットのみで判断されるケースが多いかと思われるが，ブックメリットやマネジメントメ

図表5-1　グループ税制に関する3つのメリット

タックスメリット	税金面でのメリット＝税額がどれだけ減少するか？ ＝キャッシュフローとしてグループ内に留保されるか？
ブックメリット（税効果会計上のメリット）	帳簿上のメリット＝タックスメリットのほかに，税効果においてどれだけのメリットがあるか？
マネジメントメリット	グループ全体の情報を集め，スケジュール等を統一することを通じ，子会社の情報が親会社に集約化される。集約化された情報を使って，親法人だけの最適化にとどまらず，グループ全体の税務面での最適化を図ることができるようになる。

リットも意外に大きな影響があるので，そのあたりにも注意して検討する必要
がある。

　特に，単体納税・グループ法人税制に比べ，連結納税では多額のブックメ
リットが発生する可能性があるため，注意が必要である。

⑶　グループ経営における受取配当等の益金不算入のメリット

　完全子法人から配当等を受ける場合には，全額が益金不算入とされており，
課税されないこととなる（法法23）。これはグループ内の内部取引であり，二
重課税を防止するためのものである。

　また，完全子会社の場合には，金銭以外の現物資産（株式・貸付金・固定資
産等）についても，現物分配制度により適格現物分配として一定の要件を満た
せば，利益の繰延べをしたまま簿価での移動が可能となり，源泉徴収も不要と
されている。

　課税をしないことでグループ内の資金移動を活性化させ，グループ内最適化
の視点から親法人の株主配当の増加や設備投資原資の増加を図ることが期待さ
れる。

　すでに子会社の経営が安定し，キャッシュを蓄積しており，当該子会社にお
いて投資計画等もない場合，親会社がそうした不要不急の余剰資金を配当の形

図表 5 - 2　**受取配当等の益金不算入制度**

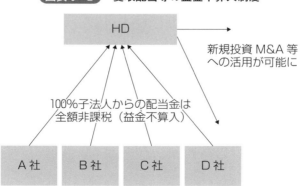

で吸い上げる。そうした資金をM&Aや新規事業投資など，グループ内で適切に配分し，成長のために使うことは，まさにグループ内での最適な経営資源配分といえる。その一環として，既存事業の収益を将来に向けたサブスクリプション・ビジネスへの投資などに活用することが期待されるのである。

　グループ全体での資金の有効活用という観点から，この受取配当等の益金不算入のメリットは非常に重要な考え方となる。

　このように，サブスクリプション・ビジネスのような新規事業等のベンチャーや開発型企業を抱えている企業グループの場合，損益通算・繰越欠損金・税額控除のグループ全体での活用などのメリットが享受できると考えられる。

　前述のように，サブスクリプション・ビジネスの初期段階・スタートアップ期においては，先行投資が大きくなり，単年度の損益は赤字となるケースが多いこともあり，サブスクリプション・ビジネスを実施する企業こそ，グループ全体でのタックス・ストラテジーを構築する必要がある。

　また，コロナ禍でグループ各社の業績が業態によってはばらつき，一部の事業が赤字に転落することも考えられる。コロナ禍において既存事業の一部が赤字に転落するような場合には，より一層損益通算メリットにも注目が集まることになる。なお，リーマン・ショック後など景気悪化期において，連結納税制度の採用企業数が増える傾向がみられたことからもわかるように，景気後退期にはより一層グループ全体でのタックスコントロール，タックス・ストラテジーの立案が重要になるのである。

　実際にリーマン・ショック後においては，自動車業界や電機業界といった同じ業界に所属する企業であっても，連結納税制度の採用の有無により，損益通算や研究開発税制の活用など，グループ全体でのタックス・ストラテジーの巧拙で10％近い実効税率の差異が出ていた。税制を理解するだけでなく，グループ全体での最適化という視点の有無が，特に変動期において大きく企業の業績を左右するのである。

　とはいえ，タックス・ストラテジーを立案していくためには，まずはどのよ

うな税制がどのような状況で活用可能かという基本的な点を押さえておかなけ
ればならない。そこで，次節以降では，サブスクリプション・ビジネスを行う
にあたって，最低限知っておきたい税制措置を紹介していく。

02　連結納税制度・グループ通算制度

　連結納税制度は，企業グループ内の個々の法人の損益を通算するなど，グ
ループ全体を 1 つの納税主体と捉えて課税する制度で，事前の申請が必要であ
る。一方グループ法人税制は，企業グループが"連結納税"を選択しない場合
でも，一部のグループ間取引についての管理・統制をすることが必要になる制
度である。

図表 5 - 3　連結納税制度

(1)適用対象	○　親会社と，それが直接又は間接に100％の株式を保有するすべての子会社（外国法人を除く） ○　選択制（一旦選択した場合は，原則として継続して適用）

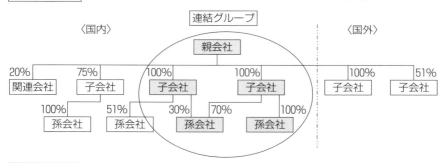

(2)申告・納付	○　親会社が法人税の申告・納付（子会社は連帯納付責任を負い，個別帰属額等を提出）
(3)所得，税額の計算	○　連結グループ内の各法人の所得金額に所要の調整を行った連結所得金額に税率を乗じ，さらに必要な調整を行い連結税額を算出 ○　税率は，23.2％
(4)時価評価課税・欠損金の制限	○　連結納税の開始又は連結グループへの加入時に，原則として，開始時の子法人及び加入法人の資産を時価評価 ○　開始・加入前に生じた子法人の欠損金は，原則，切捨て ○　一定の子法人については，時価評価課税及び欠損金切捨ての対象外

　つまり，連結納税制度とグループ法人税制のメリットを比較したうえで，自社グループが連結納税制度を選択したほうが有利かどうかを判断する必要がある。また，令和4年度からは連結納税制度が改組されグループ通算制度に移行する。連結納税制度とグループ通算制度はほとんど同じ内容だが，一部異なる点もあるため，注意が必要である。

(1)　グループ法人税制と連結納税制度の差異

　ポイントは　大きく分けると，次の3点の違いに集約される。
・グループ法人税制は単体ベースにグループの要素を加算減算，連結納税は連結ベースで申告
・グループ法人税制は所得通算なし，連結納税は所得通算あり
・グループ法人税制は強制適用，連結納税は自主的に申請（選択適用）

①　単体ベースの申告か連結ベースの申告か

　まず1点目は，グループ法人税制については，あくまでも単体ベースの申告でそこにグループの要素を加減算し申告納付するが，連結納税制度の場合には，グループ全体を1つの納税主体とするので，全体で1つの申告納付（連結申告納付）をすることが大きな違いである。

②　強制適用か選択適用か

　2点目は，グループ法人税制については強制適用であるが，連結納税制度の場合には任意適用（事前申請が必要）という点である。

③　5年以内にグループ化した子法人の繰越欠損金・時価評価

　3点目は，連結納税制度における子会社の繰越欠損金および資産の時価評価である。
・5年以上長期100％保有法人
・当初から完全子法人として設立した法人等

・適格株式交換による完全子法人　など

　以上の法人については，子法人の欠損金については，子法人の所得の範囲内で欠損金が使用可能である（グループ法人税制・単体課税の場合と同じ）。また，資産の時価評価も不要である。しかし，5年以内に買収した法人などは対象外となるので，連結納税採用の場合には，欠損金使用不可とか税負担の増加の可能性がある。

④　損益通算の有無とそれに伴う税額控除の取扱いの差異

　最後に，ここが大きなポイントになるが，グループ法人税制の場合には損益通算ができないが，連結納税制度の場合には損益通算ができる。また，それに伴い連結納税制度の場合には「税額控除（試験研究費・外国税額控除）」「グループ外寄附金」についても連結全体での計算となるため，単体申告では，切り捨てとなっていた部分もグループ全体で有効活用できるケースがある。試験研究費の特別控除や寄附金が特定の法人に集中している場合などに，こうした多額のメリットが発生するケースがある。特に，寄附金はメリットになりうるものの，気付かずに見落としがちであるため，注意が必要である。

　例えば，新規事業等のベンチャーや開発型企業を抱えている企業グループの場合，損益通算・繰越欠損金・税額控除のグループ全体での活用などのメリットが享受できることが考えられる。

　前述のとおり，サブスクリプション・ビジネスの初期段階・スタートアップ期においては，開発費やマーケティング費用等の先行投資が大きくなり，単年度の損益は赤字となるケースが多いと思われる。連結納税制度（グループ通算制度）を採用すれば，サブスクリプション・ビジネスの欠損をグループ全体での損益通算で活用できるとか，グループ全体では既存事業の黒字があるので研究開発税制のタックスメリットを享受できるというように，単体では使えなかったタックスメリットが享受できるようなことも考えられる。

図表5-4　単体申告・連結納税制度の比較

（損益通算のイメージ）

連結結税グループ各社	所得金額	法人税（23.2%）		差額
		単体申告	連結納税	
親法人P	5,000	1,160	1,160	0
子法人S1	1,000	232	232	0
子法人S2	−2,000		−464	−464
子法人S3	1,000	232	232	0
グループ合計	5,000	1,624	1,160	−464

（繰越欠損金控除のイメージ）

連結納税グループ各社	繰越欠損金控除前の単体の所得	繰越欠損金	所得金額	
			単体申告	連結納税
親法人P	5,000	8,000	2,500	1,000
子法人S1	4,000		4,000	4,000
子法人S2	−2,000		0	−2,000
子法人S3	1,000		1,000	1,000
グループ合計	8,000	8,000	7,500	4,000

※欠損金の繰越控除は，繰越控除前の所得金額の50%が限度
　単体納税の場合…欠損金控除前の所得5,000×50%＝2,500が繰越控除額となる
　連結納税の場合…欠損金控除前の連結所得8,000×50%＝4,000が繰越控除額となる

⑤　子法人の中小特例の適用を判定する親会社の資本金に差異

　子法人の中小特例の適用については，連結納税では親法人の資本金が1億円以上の場合には子法人も中小特例適用不可となるが，グループ法人税制では親法人の資本金が5億円以上の場合には子法人も中小特例適用不可となる。

　つまり親法人の資本金が1億円以上5億円未満の場合には，連結納税の場合に不利になるケースがありうるということになる。

⑥　メリット・デメリットの整理

　ここからは筆者の推測になるが，以下の場合を除くと，大概の企業グループで連結納税制度が有利になるのではないかと思われる。

・グループ全社黒字または全社赤字の場合…所得通算メリットなし

・5年以内に買収した会社がある場合…欠損金の利用等に制限

・親法人の資本金が1億円以上5億円未満である場合

　そのため連結納税制度採用企業数は一貫して増加しており（**図表5-5**），平成22年度税制改正以降では，さらに増加割合が伸びていることがわかる。また制度趣旨として「企業の機動的な組織再編を促し，企業グループの一体的で効率的な経営を後押しすることで，企業の国際的な競争力の維持・強化を図る」とされており，企業グループ経営においてのメリットがあるように制度設計されていることがわかる。

図表5-5　連結納税制度採用企業の推移

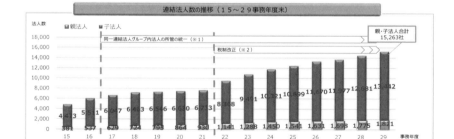

（出所：国税庁「説明資料〔連結法人の管理・調査の状況〕」（平成31年2月14日））

(2)　連結納税制度からグループ通算制度へ

　連結納税制度が見直され，令和4（2022）年4月1日以後開始事業年度より
グループ通算制度が導入される。これまでグループ全体で計算や按分調整計算
していたものが，単体納税ベースでの計算にグループ調整計算を加味する計算
方法に移行する。また，申告納税も単体申告ベースの申告納付になるなど，大
きく改組され事務手続が簡素化されたものになる。

　ただし，基本的な仕組みについては連結納税制度と同様とされており，メ
リット・デメリットは，ほぼ既存の連結納税制度と同様のものが引き継がれて
いる。

　特に連結納税制度では，修正申告や更正の請求があった場合に，全体計算や
按分計算などグループ全体での調整項目があるため，修正申告・更正の請求等

図表 5-6　連結納税制度の見直しの概要

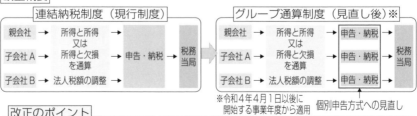

（出所：経済産業省「令和2年度（2020年度）経済産業関係 税制改正について」（令和元年12月））

図表5－7　グループ調整計算の仕組み

（参考）グループ調整計算について

- 現行の連結納税制度において，研究開発税制や外国税額控除等については，連結グループ全体で計算している（「グループ調整計算」）。
- グループ通算制度においても，効率的なグループ経営を促進する観点から，それらについて引き続き同様の取扱いを行う。

連結納税制度の見直しの意義
連結納税制度の適用実態やグループ経営の実態を踏まえた上で，事務負担の軽減を図るための簡素化やグループ経営の多様化に対応した中立性・公平性の観点から見直しを行うことにより，日本の企業がより効率的にグループ経営を行い，競争力を十分に発揮できる環境を整備することができると考えられる
（政府税制調査会　連結納税制度に関する専門家会合報告書（R1.8.27）より抜粋）
（イメージ図）
グループ調整計算の意義
親法人A
研究開発機能を親会社に集約
完全子法人B
完全子法人C
X事業
Y事業
グループ経営の実態にあわせ，グループ一体で税額控除額等を計算
グループ通算制度における所得金額等の計算のイメージ
＜親法人A＞
＜完全子法人B＞
＜完全子法人B＞
調整前所得金額（単体所得金額）
所得調整（損益通算を含む）
受取配当の益金不算入等のグループ調整計算を実施
所得金額
調整前法人税額
税額調整
研究開発税制・外国税額控除のグループ調整計算を実施
法人税額

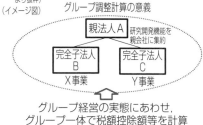

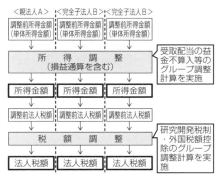

（出所：経済産業省「令和2年度（2020年度）経済産業関係 税制改正について」（令和元年12月））

に関連のない各法人にまで影響が及んでしまうことや，事務負担が非常に煩雑であった点が問題視されていた。グループ通算制度では，基本的には修正申告・更正の請求等に直接関連のない法人にはその影響が及ばないようになるため，事務負担の相当な軽減が見込まれ，連結納税制度・グループ通算制度導入企業数は，さらに増加するものと思われる。

(3)　グループ法人税制と連結納税制度の統一的な運用

グループ法人税制と連結納税制度は，連結納税制度の改正もしくは連結納税制度の概念をグループ法人税制にほぼそのまま適用することによって，両制度が統一的に運用されている。

・譲渡損益調整資産（グループ内の資産譲渡損益の繰延べ）

・連結法人間の寄附金（全額益金不算入・全額損金不算入）

・受取配当等の全額益金不算入

　また，組織再編税制と連結納税制度についても，同様に統一的に運用されている。

　組織再編税制の改正においては，特定資本関係（50％超の資本関係）があり，特定資本関係が５年以内に生じている場合には，みなし事業要件を満たす適格合併等を除いては繰越欠損金の利用が制限されている。これは外部から買収した会社等について欠損金の利用を制限する趣旨で設けられていたものだが，最近の組織再編・組織再々編など，複数回組織再編を行った場合に繰越欠損金の利用制限に該当してしまうケースが発生していた。そのため，その設立時から継続的に特定資本関係にある法人との間で組織再編を行った場合の適用除外や資本関係の判定時期の見直しなど数度の改正が行われ，適格判定はかなり整合性がとれたものになっている。

　それらの適格判定が連結納税制度の加入の際の欠損金や時価評価にも影響することから，長期保有子法人の欠損金は利用可能とされ，グループ内の資産譲渡・配当・寄附金などについては原則課税繰延べとされるなど，組織再編税制と連結納税制度の統一化が図られ，一体的な運用がなされるようになっている。

　サブスクリプション・ビジネスにおいては，事業展開が非常に早く，組織再編等も比較的頻繁に行われることが多い。連結納税制度と組織再編税制の統一化が行われたことで組織再編成のより一層の戦略的な活用が期待される。

(4)　サブスクリプション・ビジネスへの連結納税制度の活用

　サブスクリプション・ビジネスの収益上の最も大きな特性は，ご存じのとおり，１回限りの売上ではなく，定期的な売上を将来にわたって積み上げていくことである。また，ビジネス初期段階では，サービス認知を増やすために多額の営業＆マーケティングコストをかける企業が多い。そのため，売上成長率は高い一方で，営業利益はマイナスになる傾向にある。これは将来の定期収益を

確保する段階において，ある意味健全な収益モデルである。

　しかし，多くの事業部では，営業利益率を重要な経営指標として管理している。もし，既存事業の中で新たにサブスクリプション・ビジネスを開始すると，事業部全体の営業利益率が減少してしまう。そのため，早期収益化を目指し，営業&マーケティング費用を削減し，サービス開発費用なども抑制しようとする結果，必要な投資が不十分になってしまい，そもそもサブスクリプション・ビジネスが立ち上がらなくなるケースも散見される。

　そこで，サブスクリプション事業を完全子会社（100％）として，事業部から分離し別会社化した場合には，連結納税制度を活用することでグループ全体で所得を損益通算し，グループ全体の納税額を削減することが可能となる。

　非常にざっくり説明すると（実効税率30％とする），

1）親会社の所得：1,000

2）サブスクリプション・ビジネスの子会社 A の所得：△500

　a）連結納税制度を活用しない場合の当該年度のグループ税額

　　親会社の所得1,000×30％＝<u>300</u>

一方で，連結納税制度を活用すると

　b）連結納税制度を活用した場合のグループ税額

　　（親会社の所得1,000＋子会社 A の所得△500）×30％＝<u>150</u>

　このように，連結納税制度を活用すると，当該年度でグループ全体の法人税額が圧縮でき，グループ全体でのキャッシュフローが増加することになる（連結子会社に該当する条件などは最新税制をご確認いただきたい）。

　なお，研究開発税制については，制度として法人税額の一定額を控除する形式になっており，赤字の会社が試験研究費を支出しても，その法人での納税額がない限りは控除できないことになる。

　しかし，連結納税制度を採用した場合には，研究開発税制の控除枠もグループ全体での計算となるため，グループ全体が黒字であれば研究開発税制の控除を受けることが可能である。グループ全体での研究開発税制によるメリットと

いうのも，連結納税制度採用によるメリットとして考慮すべきである。

　また，試験研究費は通常特定の限られた法人のみで支出しているケースがほとんどであろう。その場合，試験研究のない会社の控除枠も活用できることになるので，さらに法人税額の控除メリットは大きくなる。大手電機メーカーは，連結納税制度の採用による研究開発税制の控除額の増加メリットだけで数十億あったといわれている。

　なお，このメリットは，連結納税制度からグループ通算制度になってもそのまま継続される。

◯3 組織再編税制〜会社分割

　サブスクリプション・ビジネスの子会社化にあたっては，子会社の新設とともに，会社分割が主に用いられると考えられる。

　会社分割は大きく分けると吸収分割と新設分割があり，対価の交付の違いにより分社型と分割型に分かれる。

　吸収分割は「株式会社又は合同会社がその事業に関して有する権利義務の全部又は一部を分割後他の会社に承継させることをいう。」（会社法2二十九）とされ，会社の事業を他社に売却する際に用いられる手法である。

　新設分割は「一又は二以上の株式会社又は合同会社がその事業に関して有する権利義務の全部又は一部を分割により設立する会社に承継させることをいう。」（会社法2三十）とされ，会社の事業を新設する会社に引き継ぐ手法であり，グループ再編の際には新設分割を行うこととなる。

　また，分割対価の交付先の違いにより，分社型と分割型に分かれ，分社型は売り手企業（ここでいうと分割元の会社）が対価を受け取ることになり，結果として新設会社は事業会社の子会社（持株会社（ホールディングス）からみた場合の孫会社）になる。

　分割型は売り手企業（持株会社）の株主が対価を受け取ることになり，新設会社は持株会社の子会社となる。サブスクリプション・ビジネスの子会社は，

その戦略性の重要度から考えても持株会社の子会社になることが望ましいと考えられ，主に分割型新設分割が用いられることになると考えられる。

04 スピンオフ税制

平成29年度税制改正でスピンオフ税制が創設され，サブスクリプション・ビジネスの分社化への活用が可能となった。従来も会社分割でサブスクリプション・ビジネスを子法人化することは可能であったが，分割法人・分割承継法人ともに継続保有をすることが税制適格要件として課せられていたため，例えば既存事業のうち一部の事業が不要になった場合でも，売却すれば非適格分割となり，課税が発生していた。

スピンオフ税制導入後は，持株会社と分割承継法人（B社）の完全支配関係が継続していればよいこととなり，分割法人（A社）と持株会社の完全支配関係の継続は，B社の適格判定には影響を及ぼさないこととなったため，より分社化に踏み切りやすくなったと考えられる。

05 研究開発税制

研究開発税制は，企業の研究開発投資を維持・拡大することにより，イノベーション創出につながる中長期・革新的な研究開発等を促し，わが国の成長力・国際競争力を強化することを目的としたものである。近年では，試験研究費を増加させた企業や，オープンイノベーションに取り組む企業の税制優遇が拡充される傾向にある。

また，ベンチャー企業に対する出資の税制優遇が拡大されたり，AI，ビッグデータ，VR，ウエアラブルなどのサービス開発についても研究開発税制の対象となるなど，サブスクリプション・ビジネスに取り組む企業にとっても，かなり使いやすい制度となっている。特にベンチャー企業とのオープンイノベーション型の特別試験研究費については，税額控除率が25％に拡充されてい

るので，かなり大きなメリットとなる。

⑴　研究開発税制の概要

　研究開発税制は，「試験研究費の総額に係る税額控除制度」または「中小企業技術基盤強化税制（中小企業のみ)」およびその上乗せ措置としての「特別試験研究費の額に係る税額控除制度」によって構成されている。

　試験研究費の額に一定割合を乗じて計算した金額を，その事業年度の法人税額から控除することができる制度である。

⑵　オープンイノベーション型（特別試験研究費)

　研究開発税制は，主に大企業向け措置である「試験研究費の総額に係る税額控除制度（総額型)」または中小企業向け措置である「中小企業技術基盤強化税制（中小企業のみ)」の選択制となっており，その上乗せ措置として「特別試験研究費の額に係る税額控除制度」がある。

　特別試験研究費の額に係る税額控除制度は，いわゆるオープンイノベーション型として，大学やベンチャー企業との共同研究等に関して適用され，通常型に加え20〜30％の控除率の上乗せがなされる。

　オープンイノベーション型は，ある程度の高度な研究や知的財産権等を要するものが対象とされ，試験研究の内容も，基礎研究または応用研究もしくは委託先の知的財産権等を活用した工業化研究などに限定され，単なる外注等の作業は対象外となる。

⑶　平成29年度税制改正により新サービスも対象に追加

　試験研究費の対象は，従来は製品の製造および技術の改良・考案・発明とされていたが，平成29年度税制改正により，ビッグデータ等を活用した第4次産業革命型の「新サービスの開発にかかる試験研究費」が追加され，適用業種の拡大が図られている。AI・ビッグデータ・VR・ドローン・ウエアラブルなど，特にサブスクリプション・ビジネスに大きくかかわる部分が追加されている。

図表5-8 研究開発税制の概要

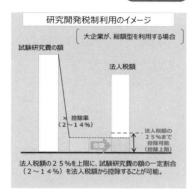

● 研究開発活動は、イノベーション創出のために重要だが、企業にとっては**短期的な収益を優先する行動に陥りがち**。
● 企業の研究開発リスクを国が一部負担することで、中長期的な産業競争力を強化。

国際的なイコールフィッティング

● **経済安全保障が注目される中、諸外国においても、補助金や税制優遇、市場創出などの支援策を通じて、民間の研究開発投資を強力に促進。**

分野や主体に関わらない幅広い支援

● イノベーションがどのような研究開発から生まれるかを予測するのは困難。
● **分野、業種、規模、時期等に限られない幅広い・継続的な研究開発支援**が不可欠。

研究開発投資のスピルオーバー効果

● 研究開発は、実施主体のみならず、**外部に対しても正の波及効果**をもたらす。
● 正の外部性があるものは過少投資となりやすいため、政策的支援が必要。

【控除上限】（法人税額の何%まで控除できるか）

【控除率】（試験研究費の何%分を税額控除できるか）

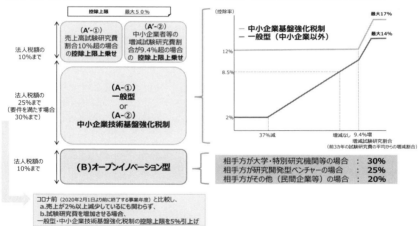

　新サービスの開発にかかる研究開発費は，次のようなものである。

・大量の情報を収集する機能を有し，その全部または主要な部分が自動化されている機器または技術を用いて行われる情報の収集

・その収集により蓄積された情報について，一定の法則を発見するために，情

図表 5-9　オープンイノベーション型（特別試験研究費）

（出所：経済産業省産業技術環境局　技術振興・大学連携推進課「研究開発税制の概要と令和3年度税制改正について」）

図表 5-10　大学等とのオープンイノベーションの例

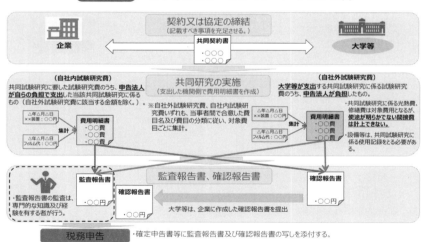

（出所：経済産業省産業技術環境局　技術振興・大学連携推進課「研究開発税制の概要」）

報解析専門家により専ら情報の解析を行う機能を有するソフトウエア（これに準ずるソフトウエアを含む）を用いて行われる分析
・その分析により発見された法則を利用した新サービスの設計

図表 5 -11　　試験研究費に関する平成29年度税制改正

試験研究費の定義（現行制度）
製品の製造
技術の改良・考案・発明
　にかかる試験研究のために要する費用

➡ **改正後**
第4次産業革命型の新たなサービスの開発に
かかる試験研究費を対象に追加

サービス開発のイメージ

データの収集	・センサー等を活用して、自動的に種々様々なデータを収集
データの分析	・専門家が、AI等の情報解析技術によってデータを分析
サービスの設計	・データの分析によって得られた一定の法則性を利用した新たなサービスを設計
サービスの適用	・当該サービスの再現性を確かめる

対象となる事例

自然災害予測サービス
ドローンにより山地の地形や土砂、降雪状況等を収集・分析
→的確な自然災害予測を提供

農業支援サービス
センサーにより農地の温度や湿度等を細かく収集・分析
→効果的な農作業情報を配信

ヘルスケアサービス
ウェアラブルデバイスにより個人の健康状態を細かく収集・分析
→健康維持サポート情報を配信

観光サービス
ドローンや人工衛星により自然界や生態系情報等を細かく収集・分析
→観光情報（オーロラやクジラが見られる等）を配信

（出所：経済産業省「平成29年度 経済産業関係 税制改正について」（平成28年12月））

図表 5 -12　　**対象となる事例のイメージ**

地域を自然災害から守るサービス
● ドローンを活用して収集した画像データや気象データ等を組み合わせて分析することで、より精緻でリアルタイムな自然災害予測を通知するサービスを提供

農家を支援するサービス
● センサーによって収集した、農作物や土壌に関するデータや気象データ等を組み合わせ分析し、農家が最適な農作業をできるような農業支援情報を配信するサービスを提供

各個人に応じたヘルスケアサービス
● 各個人の運動や睡眠状況、食事、体重、心拍等の健康データを分析することで、各個人に最適なフィットネスプランや食生活の推奨や、病院受診勧奨を行うサービス

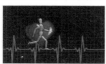

観光サービス
● ドローンや人工衛星等を活用して収集した画像データや気象データ、生態系のデータ等を組み合わせて分析することで、高付加価値の観光資源だが発生頻度の低い自然現象等の発生を精緻に予測するサービスを提供

（出所：経済産業省産業技術環境局 技術振興・大学連携推進課「研究開発税制の概要と令和 3 年度税制改正について」）

・その発見された法則が予測と結果の一致度が高い等妥当であると認められる
　ものであることおよびその発見された法則を利用した新サービスがその目的

に照らして適当であると認められるものであることの確認

(4)　平成31年度税制改正によるオープンイノベーション型の拡充

　平成31年度税制改正では，オープンイノベーション型に，新たに研究開発型ベンチャー企業との共同研究等が加えられ（控除率25％），オープンイノベーション型は控除上限も5％から10％に引き上げられるなど，大幅な拡充が行われている。

　また，同時にベンチャー特例も創設され，研究開発を行う一定のベンチャー企業（設立後10年以内の法人で税務上の繰越欠損金を有する企業）については，試験研究費の控除率が25％から40％に引き上げられている。

(5)　令和3年度税制改正により研究開発費にソフトウエアが追加

　令和3年度税制改正においては，試験研究費のうち，研究開発費として損金経理をした金額で非試験研究用資産の取得価額に含まれるものが加えられた。

　「非試験研究用資産」とは，棚卸資産，固定資産および繰延資産で，事業供用の時に試験研究の用に供さないものをいう。

　クラウド環境で提供するソフトウエアなどの自社利用ソフトウエアの普及が拡大していることも踏まえ，自社利用ソフトウエアの取得価額を構成する試験研究に要した費用についても，試験研究費に追加されることになる。

(6)　サブスクリプション・ビジネスにおける研究開発税制の活用

　サブスクリプション・ビジネスにおいては，初期段階においてはソフトウエア等の研究開発費が大きくなる傾向がある。従来は，研究開発税制の対象が「製品の製造及び技術の改良・考案・発明」とされていたため，いわゆるモノ作りに関する研究開発費用が対象になっていたが，前述のように平成29年度税制改正では，ビッグデータ等を活用した第4次産業革命型の「新サービスの開発にかかる試験研究費」が追加された。これにより，サブスクリプション・ビジネスについてもソフトウエア開発が対象になるなど，適用業種の拡大が図ら

図表 5 -13　令和 3 年度税制改正による試験研究費の改正

③**クラウドを通じてサービス提供を行うソフトウェアに関する研究開発を支援対象に追加**

（出所：経済産業省産業技術環境局 技術振興・大学連携推進課「研究開発税制の概要と令和 3 年度税制改正について」）

れている。AI・ビッグデータ・VR・ドローン・ウエアラブルなど，特にサブスクリプション・ビジネスに大きくかかわる部分が追加されている。

　さらに，試験研究費を増加させた企業やオープンイノベーションに取り組む企業の税制優遇が拡充される傾向にあり，大学や研究機関等との共同研究だけでなく，平成31年度税制改正では，ベンチャー企業との共同研究に対する控除率の上乗せがなされるなど，サブスクリプション・ビジネスにおける研究開発税制活用の幅はこの数年間で大きく拡大している。

　また，自らが技術力のあるベンチャー企業である場合には，大手企業からの技術開発の受託においても，研究開発税制のオープンイノベーション型の適用を受けることで大手企業側の税制優遇が拡充されることで開発業務の拡大のチャンスが広がる。また，研究開発型のベンチャー企業については，一定の場合に控除上限が最大60％にも拡大される。

　ただし，前述のとおり，研究開発税制は税額控除制度であり，所得がない場合には控除もできない。また，税額控除額の繰越しも廃止されているため，単年度に所得がない場合には，タックスメリットの享受ができない。そのため，連結納税制度やグループ通算制度を活用してグループ全体で活用するという視点が欠かせないものとなる。

図表5-14　平成31年度税制改正で変わった研究開発税制

(1)産業競争力強化法により経済産業大臣が認定したベンチャーファンドの出資先	(2)特別研究開発法人・大学発ベンチャー企業で以下の全ての要件を満たすもの

【参考】産業競争力強化法に基づくファンドの認定スキーム　　　　　　(注)

A) 以下のいずれかの方法で**出資**を受けている（注）
　(ア) **認定国立大学ファンド**が出資（ファンドオブファンズ除く）
　(イ) 科学技術・イノベーション創出の活性化に関する法律に基づき**特別研究開発法人が直接出資**

B) **役員が特別研究開発法人・大学等の職を有している**
　　　　　　　　　　　　　　　　　　　　　　　　　　　(注)

C) 上記出資時に**資本金5億円未満**、当該出資を受けてから**10年以内**

(注) 上記のベンチャー企業との連携についてOI型を適用する場合には、確定申告書等に以下の書類を添付する必要がある。
- ベンチャー企業の株主名簿の写し等（当該出資者の名称等がわかるもの）
- 雇用契約書その他の書類でベンチャー企業の役員が特別研究開発法人・大学等と雇用関係にあることを証する書類（(2)のみ）

（出所：経済産業省産業技術環境局 技術振興・大学連携推進課「研究開発税制の概要と令和3年度税制改正について」）

06　オープンイノベーション促進税制

　令和2年度税制改正で，オープンイノベーションの促進とベンチャーの育成のため新たな税制が創設された。出資額の一定額まで損金算入することが可能となる。

　特に事業会社やCVC（コーポレート・ベンチャー・キャピタル）が，高い技術を持つスタートアップ企業に出資し，オープンイノベーションを目指すもので，日本の新規事業の成長促進が期待される。

⑴　制度の概要

　事業会社やCVC等で，スタートアップ企業と共同してオープンイノベーションを行うために新規発行株式等を一定額以上取得した場合に，取得価額の25％が所得控除できる制度である。なお，直接投資だけでなく過半数以上保有する投資事業有限責任組合（LPS）や民法上の組合等経由での投資も対象となる。

　自らの経営資源以外の経営資源を活用し，高い生産性・成長性が見込まれる事業の実施・開拓を目指すことが要件となる。

(2)　スタートアップ企業の要件

　スタートアップ企業（産業競争力強化法の「新事業開拓事業者」）のうち，オープンイノベーションを行うに資する一定の事業を行う，下記の要件を満たす内国法人および外国法人をいう。
・株式会社である
・設立10年未満
・未上場
・事業開始後である
・対象法人とのオープンイノベーションを行っているまたは行う予定
・１つの法人グループが株式の過半数を有していない
・法人以外の者（LPS，民法上の組合，個人等）が３分の１超の株式を有している
・風俗営業または性風俗関連特殊営業を営む会社でない

図表 5 -15　オープンイノベーション促進税制

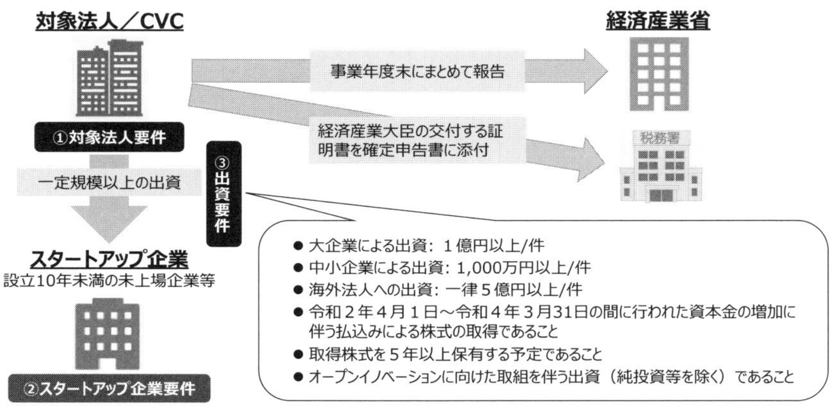

（出所：経済産業省経済産業政策局産業創造課「『オープンイノベーション促進税制』について」令和２年６月）

・暴力団員等が役員または事業活動を支配する会社でない

⑶　出資要件

　ベンチャー企業とのオープンイノベーションを目的とした出資であるため，5年以上の継続保有や新規現金払込による増資などの要件がある。

・資本金の増加を伴う現金による出資であること
・1件当たり1億円以上（中小企業は1,000万円以上）の出資であること（海外法人への出資の場合には5億円以上）
・オープンイノベーションに向けた取組みの一環で行われる出資であること
・取得株式の5年以上の保有を予定していること
・純投資等を目的とする出資ではないこと

⑷　所得控除額

　株式の取得価額の25％以下の金額を特別勘定の金額として経理した時は，その事業年度の所得の金額を上限に，その経理した金額の合計額を損金算入できる。

　ただし，1回の投資に係る株式の取得価額については上限が100億円（所得控除は25億円まで）とされ，1事業年度の損金算入限度額は125億円が上限とされる。

　なお，5年以内にオープンイノベーションを継続していないような場合には，益金算入をすることとなる。

⑸　オープンイノベーション要件

　新たなサービス等を生み出すため，スタートアップ企業の革新的な経営資源を活用して，高い生産性が見込まれる事業や新たな事業の開拓を目指す事業活動をするためのオープンイノベーション要件を満たすことが必要となる。

・対象法人が，高い生産性が見込まれる事業または新たな事業の開拓を目指した事業活動を行うこと

図表 5-16　オープンイノベーション要件

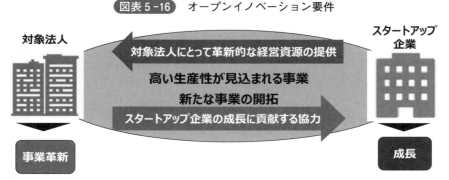

（出所：経済産業省経済産業政策局産業創造課「『オープンイノベーション促進税制』について」令和2年6月）

・上記事業活動において活用するスタートアップ企業の経営資源が，対象法人にとって不足するもの，かつ革新的なものであること
・上記事業活動の実施にあたり，対象法人からスタートアップ企業にも必要な協力を行い，その協力がスタートアップ企業の成長に貢献するものであること

⑹　申請フロー

　税制のために必要な書類は，事業年度末の2ヶ月前から1ヶ月後までの申請受付期間内に申請し，60日以内に交付される。

　申請検討段階でオープンイノベーション要件を満たしているか事前確認をすることが可能である（1ヶ月以内に回答）。

　その後5年間継続的にスタートアップ企業とオープンイノベーションの取り組みが継続しているかどうか毎事業年度末に経済産業大臣に報告し，継続証明書の交付を受けることが必要である。

⑺　サブスクリプション・ビジネスにおける活用法

　サブスクリプション・ビジネスにおいては，ソフトウエア等の開発における活用法が考えられる。

図表５-17　３月末決算企業における税制利用申請フロー（例）

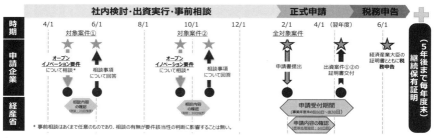

（出所：経済産業省経済産業政策局産業創造課「『オープンイノベーション促進税制』について」令和２年６月）

　研究開発型ベンチャーに出資することで，高い技術力を持つベンチャー企業の知見を得るとともに，ベンチャー企業の IPO などでの投資収益を得ることが可能となる。

　その際にオープンイノベーション促進税制の活用で，一定額が出資時点で損金算入されることで，出資リスクが低減されるため，ベンチャー投資のハードルが下がることになる。

　また，自らが技術力のあるベンチャー企業である場合には，大手企業の出資リスクが当税制の活用で低減されるため，大手企業からの出資により開発資金等の投資金額の確保などがしやすくなる。

07 令和３年度税制改正における「ビジネスモデル変革の税制措置」

　コロナ禍において産業政策も変容しており，経営資源の大胆な再編に取り組むことこそが，競争力の源泉になりつつあるとの認識になっている。

　経済産業省第26回産業構造審議会総会では，「不確実性の高い世界では，環境変化に対応するために，組織内外の経営資源を再結合・再構成する経営者や組織の能力（「ダイナミック・ケイパビリティ」）が競争力の源泉となるとの理論。」「競争力の構成要素が，『オペレーション』，『管理』，『ガバナンス』では

なく，『感知』，『捕捉』，『変容』にあると，着眼点を転換。デジタル化がこれらの構成要素を強化する。」（「新型コロナウイルスの影響を踏まえた経済産業政策の在り方について」経済産業省第26回産業構造審議会総会（2020年6月17日））などと，経営資源の大胆な再編を後押しする産業政策に変化し，税制改正でもそのような内容の税制改正要望が出されていた。

　令和3年度税制改正では，「大胆なビジネスモデルの変革（事業再構築・再編等）」に取り組む企業を後押しする税制措置として，投資促進税制（特別償却や税額控除）・繰越欠損金の控除上限（現状50％）の引上げ等が行われた。

　海外ではDX（デジタルトランスフォーメーション）を通じた従来型のビジネスモデルを転換し，生産性向上を実現する事例が出現しており，製造オペレーション変革や，実店舗とEC（eコマース）の融合など，DXの実現がなされているといわれている。

　また，社内等の構造変革だけでなく，他社を巻き込んだM&A型の事業再構築についての支援策として，「企業の機動的な事業再構築を促すための自社株式等を対価とするM&Aの円滑化」「中小企業による経営資源集約化の促進に係る税制措置の創設」なども行われている。

図表5-18　ウィズ・コロナ，ポスト・コロナを見据えた企業戦略の見直し

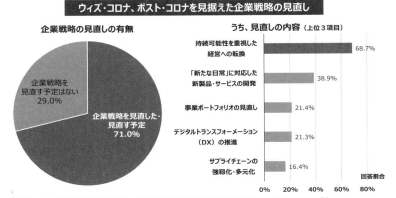

（出所：未来投資会議（第42回，令和2年7月30日）配布資料（資料2：基礎資料））

図表5-19　**株式交付制度に対応する税制改正要望**

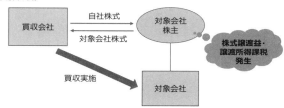

企業の機動的な事業再構築を促すための自社株式等を対価とするM&Aの円滑化　<u>新設</u>
（所得税・法人税・個人住民税・法人住民税・事業税）

● 令和元年12月に成立した改正会社法（令和3年春施行予定）により、自社株式等を対価とするM&Aについて、新たに「株式交付制度」が創設された。

● これを踏まえ、機動的な事業再構築を促すため、自社株式等を対価としたM&Aにおける被買収会社株主の株式譲渡益に対する課税繰延を措置する。この際、事前認定を不要とするなど実効的、かつ恒久的な制度とする。

<u>現行制度</u>

（自社株式を対価とする場合の例）

自社株式
買収会社　対象会社株式　対象会社株主
買収実施
対象会社
株式譲渡益・譲渡所得課税発生

<u>要望内容</u>

○自社株式等を対価としたM&Aに応じた対象会社の株主について、株式譲渡益・譲渡所得への課税の繰延措置を講ずる。（事前認定及び期限の定めなし）

（出所：経済産業省「令和3年度税制改正に関する経済産業省要望【概要】」令和2年9月）

　DX時代においては，様々な大胆な変革が必要であり，そのための税制措置や補助金等も次々に創設される可能性が高い。政策の背景を理解したうえで積極的に活用する姿勢が重要である。

　また，令和3年度税制改正では，新商品・新サービスの開発の後押しとして「デジタルトランスフォーメーション（DX）投資促進税制」や生産プロセスの省力化などに対して「カーボンニュートラル投資促進税制」なども創設されている。

⓪⑧ まとめ

　税制に関しては，この数年間の税制改正では，産業競争力の向上，投資の喚起，ベンチャーの育成が大きなテーマとなっており，研究開発減税，ベン

図表 5 -20　中小企業・経営資源集約化促進税制

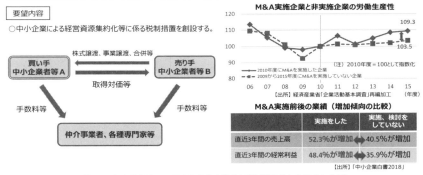

中小企業による経営資源集約化の促進に係る税制措置の創設
（所得税・法人税・個人住民税・法人住民税・事業税）　　　　　　　　　　　　　　　　　　　　　　　新設

- ● ウィズコロナ/ポストコロナ社会においては、「**新たな日常**」に対応していくことが必要であり、**業態転換を含めて大胆なビジネスモデルの変革が重要。**
- ● この点、単一又は少数の事業を営んでいる中小企業にとって、**経営資源を集約化等（統合・事業再構築等）**させることによって、新規事業拡大や多角化等を行い、**生産性を向上させることが可能。**
- ● このため、ウィズコロナ/ポストコロナ社会に向けて、**地域経済・雇用を担おうとする中小企業による経営資源の集約化等を支援**するため、**必要な税制措置を創設する。**

要望内容

○中小企業による経営資源集約化等に係る税制措置を創設する。

M&A実施企業と非実施企業の労働生産性
（注）2010年度＝100として指数化
- 2010年度にM&Aを実施した企業
- 2009から2015年度にM&Aを実施していない企業

【出所】経済産業省「企業活動基本調査」再編加工

M&A実施前後の業績（増加傾向の比較）

	実施をした	実施、検討をしていない
直近3年間の売上高	52.3%が増加	40.5%が増加
直近3年間の経常利益	48.4%が増加	35.9%が増加

【出所】「中小企業白書2018」

（出所：経済産業省「令和３年度税制改正に関する経済産業省要望【概要】」令和２年９月）

チャー投資減税など，サブスクリプションに関連する企業が活用できそうな税制も数多く生まれている。特に，AI やソフトウエア，ウエアラブルなど，新たなソフト開発にも研究開発税制が適用可能となり，ベンチャー企業や大学等とのオープンイノベーションの促進に向けて大きく舵を切っている。

　これらの動きはコロナ禍でさらに活発となり，競争力の向上を目的とした産業集約や DX 等の大きな変革に対する税制措置や補助金制度が次々と生まれている。

　また，サブスクリプション・ビジネスのような新規事業等のベンチャーや開発型企業を抱えている企業グループの場合，損益通算・繰越欠損金のグループ全体での活用や，税額控除のグループ全体での活用などのメリットが享受できることが考えられる。

　繰り返しになるが，サブスクリプション・ビジネスの初期段階・スタート

アップ期においては，先行投資が大きくなり，単年度の損益は赤字となること
が多いため，単体でのタックス・ストラテジーではなく，グループ全体での
タックス・ストラテジーの視点で税制の活用可能性を検討することが非常に重
要になる。その巧拙により実効税率にかなりの差異が出てくる可能性があるた
め，企業の戦略上，大きなウエイトを占めている。

第6章

サブスクリプション・ビジネスで
検討したい持株会社化

01 なぜ組織形態が問題になるのか

　第1部では，サブスクリプション・ビジネスにおける計画や課金モデルの検討といった実務面での基礎的な考え方から，管理会計の考え方まで述べ，どのようなサブスクリプション・ビジネスの組み立て方が最適なのか，その成功のポイントを解説してきた。

　第4章，第5章ではサブスクリプション・ビジネスの会計・税務の考え方や税制の活用法を述べ，会計の基本的な考え方から，サブスクリプション・ビジネスにおける税制の活用法について述べるとともに，組織再編税制の活用法，グループ全体でのタックスプランニングの基礎について考えてきた。

　本章ではこれらを踏まえ，サブスクリプション・ビジネスにおける基本的な考え方を理解したうえで，サブスクリプション・ビジネスをどのような組織形態で運営すべきかについて検討する。

　なぜ組織形態が重要になるのか。

　サブスクリプション・ビジネスと従来のプロダクト販売ビジネスは全く異なるビジネスモデルであるため，同じ事業体の中で〈同居〉することは非常に難しい。したがって，サブスクリプション・ビジネスを別組織で運営させること

で，全く異なるビジネスモデルを素早く立ち上げることができる。別組織での運営を行うにあたって，組織再編やタックススキームなどをいかに活用するかも，ビジネスの成功にとって重要な要素になる。では，どのような組織形態をとるべきなのだろうか。

02　会社組織の形態

　会社の組織形態としては，いくつかの形態があり，「事業部制」「カンパニー制」「ホールディングス」などがある（図表6-1）。「事業部制」「カンパニー制」は単一の会社の中で，組織を機能別に分けたものの管理手法である。

　前述のとおり，サブスクリプション・ビジネスの初期段階では，サービス認知を増やすために多額の営業&マーケティングコストをかける企業が多い。そのため，売上成長率は高い一方で，営業利益はマイナスになる傾向にある。これは将来の定期収益を確保する段階において，ある意味健全な収益モデルである。しかし，多くの事業部では，営業利益率を重要な経営指標として管理している。もし，既存事業の中で新たにサブスクリプション・ビジネスを開始すると，事業部全体の営業利益率が減少してしまう。そのため，早期収益化を目指し，営業&マーケティング費用を削減し，サービス開発費用なども抑制した結果，必要な投資が不十分になり，そもそもサブスクリプション・ビジネスが立ち上がらなくなるケースも散見される。

　持株会社（ホールディングス）以外の組織形態は，結局同じ会社内という位置づけになり，既存事業の収益性を悪化させる懸念がある。そのため，ビジネスのダイナミックな展開を考えた場合，サブスクリプション・ビジネスにおいては，既存事業と明確に分離された持株会社化のメリットがかなり大きなものとなる。

　サブスクリプション・ビジネスにおいては，既存のビジネスと大きく構造が異なるとともに，そのスピード感も大きく異なったものになる。そのため，既存の法人形態とは全く別の新設法人として運営すべきである。そして将来ビ

図表6-1　会社の組織形態

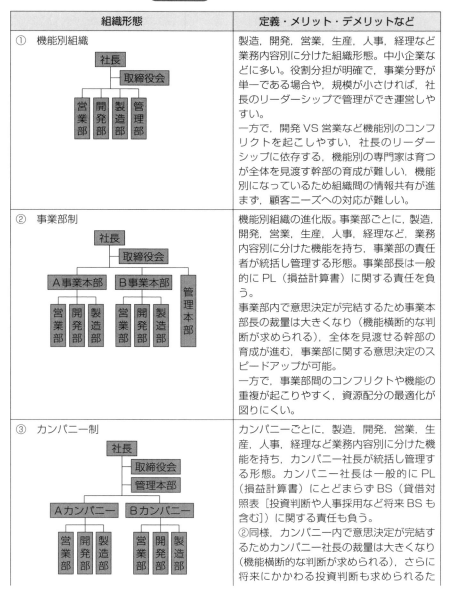

組織形態	定義・メリット・デメリットなど
① 機能別組織	製造，開発，営業，生産，人事，経理など業務内容別に分けた組織形態。中小企業などに多い。役割分担が明確で，事業分野が単一である場合や，規模が小さければ，社長のリーダーシップで管理ができ運営しやすい。 一方で，開発 VS 営業など機能別のコンフリクトを起こしやすい，社長のリーダーシップに依存する，機能別の専門家は育つが全体を見渡す幹部の育成が難しい，機能別になっているため組織間の情報共有が進まず，顧客ニーズへの対応が難しい。
② 事業部制	機能別組織の進化版。事業部ごとに，製造，開発，営業，生産，人事，経理など，業務内容別に分けた機能を持ち，事業部の責任者が統括し管理する形態。事業部長は一般的に PL（損益計算書）に関する責任を負う。 事業部内で意思決定が完結するため事業本部長の裁量は大きくなり（機能横断的な判断が求められる），全体を見渡せる幹部の育成が進む，事業部に関する意思決定のスピードアップが可能。 一方で，事業部間のコンフリクトや機能の重複が起こりやすく，資源配分の最適化が図りにくい。
③ カンパニー制	カンパニーごとに，製造，開発，営業，生産，人事，経理など業務内容別に分けた機能を持ち，カンパニー社長が統括し管理する形態。カンパニー社長は一般的に PL（損益計算書）にとどまらず BS（貸借対照表［投資判断や人事採用など将来 BS も含む］）に関する責任も負う。 ②同様，カンパニー内で意思決定が完結するためカンパニー社長の裁量は大きくなり（機能横断的な判断が求められる），さらに将来にかかわる投資判断も求められるた

	め，全体を見渡せる幹部の育成がより進む，カンパニーに関する意思決定や判断のスピードアップが可能となる。 一方で，事業部間のコンフリクトや機能の重複が起こりやすく資源配分の最適化が図りにくい。
④　マトリクス組織 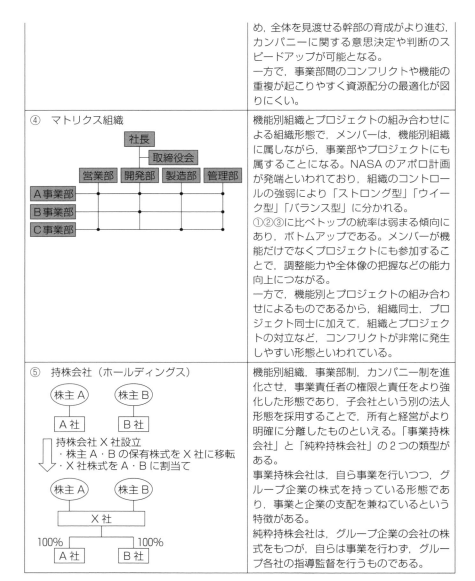	機能別組織とプロジェクトの組み合わせによる組織形態で，メンバーは，機能別組織に属しながら，事業部やプロジェクトにも属することになる。NASA のアポロ計画が発端といわれており，組織のコントロールの強弱により「ストロング型」「ウイーク型」「バランス型」に分かれる。 ①②③に比べトップの統率は弱まる傾向にあり，ボトムアップである。メンバーが機能だけでなくプロジェクトにも参加することで，調整能力や全体像の把握などの能力向上につながる。 一方で，機能別とプロジェクトの組み合わせによるものであるから，組織同士，プロジェクト同士に加えて，組織とプロジェクトの対立など，コンフリクトが非常に発生しやすい形態といわれている。
⑤　持株会社（ホールディングス）	機能別組織，事業部制，カンパニー制を進化させ，事業責任者の権限と責任をより強化した形態であり，子会社という別の法人形態を採用することで，所有と経営がより明確に分離したものといえる。「事業持株会社」と「純粋持株会社」の2つの類型がある。 事業持株会社は，自ら事業を行いつつ，グループ企業の株式を持っている形態であり，事業と企業の支配を兼ねているという特徴がある。 純粋持株会社は，グループ企業の会社の株式をもつが，自らは事業を行わず，グループ各社の指導監督を行うものである。

ジョンを持ち，短期の PL の視点ではなく，時間軸を加味した将来キャッシュフローの最大化を重視した経営をすべきである。

　そこで，持株会社化をしたうえで，サブスクリプション・ビジネスをその子会社とすることにより，「事業会社の構成は，時代に応じてフレキシブルに変えることができる。見方を変えれば，建て増し可能な戦略モデル」という特性を十分に生かすことができることとなり，事業責任者は将来にわたるキャッシュフローの最大化に専念できることとなる。

　大きく既存事業とは異なる収益モデルであり，初期段階での大きな投資を伴うサブスクリプション・ビジネスだからこそ，従来型の運営をしている組織とは別の組織形態（分社化）を行ったうえで，持株会社の傘下に置き，大胆な投資に必要な資金をグループ全体から長期目線で供給し，大きくビジネスを育てるということが可能となる。

０３　持株会社化の概要

(1)　持株会社化の変遷

　前節ではサブスクリプション・ビジネスを行うにあたって持株会社のメリットが大きいことを述べたが，そもそも持株会社とはどのようなものなのだろうか。本節以降ではさらに詳しくみていきたい。

　実は，わが国では，戦後，財閥の復活を懸念した欧米各国により「持株会社」は禁止されていた。その後，1997年の独占禁止法の改正により解禁となったのである。主な法律の改正は**図表6-2**のとおりである。純粋持株会社の解禁からわずか20年足らずの間に持株会社化は重要な経営戦略となった。

　その間，会計の世界においては，連結会計，企業結合会計・事業分離会計などの新たな会計基準の創設や改正が頻繁に行われ，内部統制に関する法令も整備されるなど，企業グループを取り巻く会計制度は次々と変遷を遂げ，単体中心から連結中心へと大きく様変わりをしていた。

　一方，税制は平成14（2002）年の連結納税制度導入から大きな改正は行われ

図表6-2 持株会社制度の沿革

```
1997年  純粋持株会社解禁（独占禁止法）
1999年  株式移転・交換制度の創設（商法）
2001年  会社分割制度の創設（商法）
2001年  組織再編税制の創設（法人税法）
2002年  連結納税制度の創設（法人税法）
2010年  グループ法人税制の導入（法人税法）
        連結納税制度の改正（法人税法）
2022年  グループ通算制度の導入（法人税法）
```

ておらず，単体申告中心の状況が続いており，会計は連結・税務は単体といった矛盾した状況が存在していた。特に税務においては実態と乖離が広がり，様々な問題点が発生し始めたため，2010年の連結納税制度の改正，グループ法人税制の導入につながり，ようやく税務にもグループの視点が本格的に導入されることになった。その後も組織再編税制等に断続的な見直しがなされてきている。

　会社法では，再編の手法として「株式移転」「合併」「会社分割」「株式交換」「現物分配」「株式交付」など多様な手段が整備されており，グループ再編が非常にやりやすくなってきた。税法もそれに伴い，グループ内の配当はほぼ非課税とされ，また基本的なグループ内での再編や共同事業による再編に関しては「適格組織再編」として，欠損金の引継ぎ，含み損益の繰延べ，株主への課税の繰延べなどの措置が整備され，グループ再編やグループ内での資産の配分などは，非常にやりやすい状況となった。

(2)　持株会社の類型

　持株会社には大きく分けて「事業持株会社」と「純粋持株会社」の2つの類型がある。事業持株会社は，自ら事業を行いつつ，グループ企業の株式を持っている形態であり，事業と企業の支配を兼ねているという特徴がある。

　純粋持株会社は，グループ企業の会社の株式をもつが，自らは事業を行わず，

グループ各社の指導監督を行うものである。配当や経営指導料などが主な収入になる。サブスクリプション・ビジネスは他の事業のビジネスモデルとは一線を画すものであり，そうした「違い」を事業の多様性として受け入れるためには，事業と経営の分離が欠かせない。そこで，本書では，より事業と経営の分離が進んだ組織形態と考えられる純粋持株会社を中心に解説する。

０４　持株会社化のメリット

　持株会社化は，機能別組織，事業部制，カンパニー制を進化させた形態であり，事業責任者の権限と責任をより強化しており，子会社という別の法人形態を採用することで，所有と経営がより明確に分離したものといえる。

　「別会社であるが，持株会社のなかでも事業が行われているので，個別事業の業務的意思決定と全社の戦略的意思決定が並存することになる。ゆえに，持株会社のなかでは戦略的意思決定しか行われない純粋持株会社の方が，やはり事業と経営の分離がより明確に分かれていると考えられる」[1]

　事業持株会社の場合は事業を併存して行うために，グループの意思決定に専念するわけではないのに対し，純粋持株会社はグループの意思決定に専念するため，より経営判断には適した形態といえよう。

　特に，事業と経営もしくは所有と経営の分離が大きなメリットであり，「事業と経営を明確に分離することにより，事業展開やリストラクチャリングが推進される一方，各事業が自律的な経営を行うことができる。純粋持株会社は『戦略本社』となってグループ全体の戦略決定を行い，切り離された子会社はそれぞれの現業部門を管理する。このように分離されると，本社の経営者は各事業の日常的経営判断から離れ，より大胆で中長期的視点に立った戦略を迅速に決定することが期待される。」[2]

（1）　淺羽茂「なぜ企業は純粋持株会社に移行するのか」TCER Working Paper Series（2012年）5頁。
（2）　淺羽・前掲論文・4頁。

⑴　意思決定が長期目線かつ迅速になる

　持株会社化を取り入れるメリットの第一は，意思決定が長期目線になり迅速化することだ。事業会社に個々の事業を任せたうえで，持株会社はグループ全体の意思決定に特化することで，個々の事業に付随する業務に割かれる時間が減り，結果としてじっくりと考えることができるようになるとともに，事業部門の目線から視野が一段上がることが期待される。そのことで中長期の経営戦略の立案が可能となるとともに，判断業務に集中することで，結果として意思決定の迅速化が期待される。

　経営の迅速化が図れるとともに，事業会社は事業会社の経営に専念することで，事業部責任も明確化されるなど，グループ全体で効率的な会社運営が可能となる。

⑵　損益の明確化・事業採算の検討・リスク分散

　持株会社化を取り入れた場合，グループの業績は法人ごとに明確化されることになる。また，PL 責任だけでなく BS 責任も明確化されるため，業績・経営責任は長期的な視点でも明確に認識されることになる。また，投資行動も中長期目線で行うよう権限移譲されるため，各事業会社の業績は過去・現在・未来にわたって認識もしくは予測可能となる。そのことで事業会社の損益だけでなく将来にかけての事業採算も明らかになり，事業自体のシナジー効果を分析したうえで，自社グループに存置すべきなのか，外部に売却等撤退すべきなのかの判断を行うことが可能となる。

　また，事業会社は，業態や地域等，ある一定のルールのもとで分社化していくため，リスク分散のメリットもある。

　特定の事業において外部環境の急激な悪化等で大幅な損失が出た場合，再生案を作成する際に「大幅な損失が出た A 事業を外部に100万円で売却し，大幅な損失を負った場合でも，残りの 5 事業の収益があれば 2 年間で損失の処理が完了する」など，立て直しや，再生戦略の立案や投資家金融機関への説明が容易となるなど，事業リスクがグループ全体に波及することの防止も可能となる。

(3)　各事業に応じた人事制度の導入

　事業会社が異なる事業を運営していれば，それぞれに合わせた人材採用と人事評価を行う必要があるため，分社化によるメリットがある。一方で，グループ全体でみた場合には，人材が各社に埋もれてしまい全体最適になっていない，賃金テーブルがバラバラで人事異動交流がしにくいなどという弊害が生じていることも多い。そのため，一定の職種・職階までは各事業会社に人事制度・採用などを任せたうえで，一定階層以上の幹部については人事制度や人事異動・人事登用などの統一的なルールを設けて運用し，グループ人材の最適化を図ることが可能となる。

(4)　組織の活性化

　各事業会社の運営は各事業会社自身に任せることで，事業会社幹部に BS 責任・投資責任・人材投資責任など，一定の責任と権限を委譲することが可能となる。それにより，各事業会社の社長が独自に投資決定をしていくことで，経営者としての経験が蓄積され，いわば経営者人材の研修効果も期待される。

(5)　子会社運営の迅速化

　持株会社のもとで事業会社は完全子会社化され，100%親法人という株主構成となる。そのため，事業会社の運営については少数株主等の外部株主は存在しないこととなるため，親会社の一存で経営判断を行うことが可能となる。

　また，持株会社は戦略決定に集中することで，事業ポートフォリオの組換え，新規事業投資などの判断を迅速化させることができる。さらに，M&A を例にとると，持株会社化していない場合には，事業会社の傘下に入ることで親子の関係ができてしまい，従属しているような形になるが，持株会社の傘下に入ることで事業会社の子会社ではなく，並列の兄弟会社になるため，嫌悪感も減少することになる。このほかに，事業運営においても完全子法人となるため，完全子法人同士での合併分割等であれば，株主総会の決議といった会社法上の手続や税務上の適格判定なども比較的簡易になるため，組織再編の機動的な活用

図表6-3　持株会社化のメリット

・グループ全体の資産の最適化（ホールディングスへの集中）
・グループ最適のため会社全体の指揮監督に専念
・所有と経営の分離が可能
・事業責任者（子会社の社長）の権限委譲と責任が明確化
・意思決定の迅速化
・事業採算が明確化（不採算事業売却）
・新規子会社の設立や会社分割が容易
・タックスメリットのグループ全体でのコントロール
・事業面での自立性を保ちやすいため，買収が容易になる
・事業承継の際の節税対策

もしやすくなる。
　また，配当についても，金銭配当・現物配当ともに完全子会社からの配当は非課税となる。そのため，グループ間での配当を通じた資産の有効活用のメリットも考えられる。
　前述のとおり，サブスクリプション・ビジネスの収益化にはそれなりの時間がかかる。短期的な視点でみた場合には，サブスクリプション事業会社の数字に物足りなさを感じてしまうことは当然である。
　そのため，サブスクリプション・ビジネスを行う事業会社の評価については，以下のような視点が重要になる。
・他の事業とは全く違う時間軸でサブスクリプション事業を評価できるか
・事業ポートフォリオ全体の視点からサブスクリプション事業を評価できるか
・他の事業とは異なる指標でサブスクリプション事業やそこに従事する人を評価できるか　など
　お気づきのとおり，こうした評価を行いやすい組織形態こそが純粋持株会社であり，サブスクリプション・ビジネスにとって魅力的な選択肢である。

ケース⑨	トヨタの分社化：なぜ，新規サブスクリプション・ビジネスを別会社化するのか？

　既存ビジネスに加えて，新たにサブスクリプション・ビジネスを始める企業の中には，（持株会社とは少し異なるが）その運営会社を別会社化する流れが生まれている。一体なぜ別会社化するだろうか。ビジネスや組織再編の観点から考えてみたい。

1　サブスクリプション・ビジネスの分社化ケース

　例えば，トヨタ自動車㈱（以下「トヨタ」という）は，人とクルマの新しい関係を提案する愛車サブスクリプション・サービスの運営会社として，新会社「KINTO」を設立した。プレス発表資料では「クルマが従来の『所有』から，使いたい時に使いたい分だけ利用する『利活用』にシフトする中，好きなクルマ・乗りたいクルマを自由に選び，気軽に楽しみたいというニーズに応えていく」と記載されている。

　従来の個人リースと異なり，税金や保険も含んだフルサービスであり，面倒な契約変更なども Web で完結できる手軽さがある。とはいえ，即効性のある収益を生み出すことは難しいだろう。ただし，トヨタという世界最大級のモノ作り企業が，1 人ひとりの顧客とつながり，ライフスタイルの変化に即したニーズに応える形できめ細やかなサブスクリプション・サービスを提供していくという新たな思考への変革を始めた点が素晴らしい。

　机上の空論ではなく，実際にサブスクリプション・サービスを開始することで，はじめて顧客の様々なニーズをダイレクトに理解し，試行錯誤が生まれ，他社とのパートナーシップも活用し，サービスラインナップを増やしながら高速で改善することができる。

　他のメーカーに先駆けて取り組んだこの経験により，将来的には我々消費者にとってより魅力的なモビリティサービスが次々に誕生することを期待したい。

2　なぜ，分社化するのか？

(1)　ビジネス視点

　本書でも繰り返し述べてきたように，そもそも従来のプロダクト販売とサブスクリプション・ビジネスは，全く異なるビジネスモデルである。近年のデジタル系のスタートアップ企業は，生まれながらのサブスクリプション・ビジネスであるが，製造業など従来プロダクト販売ビジネスで成長してきた企業が，新たにサブスクリプション・ビジネスを開始する場合には多くの変革を伴う。そして，全く性質の異なるビジネスモデルを1つの事業体の中で混在させることは非常に難しい。この特性を理解している賢明な企業は，従来のプロダクト販売ビジネスとサブスクリプション・ビジネスの組織そのものを分離する傾向にある。

　一般的なプロダクト販売とサブスクリプションの違いを下図に示す。

図表6-4　プロダクト販売とサブスクリプションの違い

	プロダクト販売	サブスクリプション
収益モデル	製品中心	顧客価値（サービス）中心
ビジネスプラン	計画的，体系的	柔軟性，アジャイル的
営業	1回販売	継続価値提供
パートナーシップ戦略	製品機能，販売力向上	サービス価値向上
プライシング	原価＋利益で固定的	価値に即した変動価格設定
マーケティング	ブランディング	顧客体験
財務・経理	製品当たり利益	顧客生涯価値（LTV）
基幹システム	従来ERP	サブスク用ERP
組織風土	ヒット商品	リレーションシップ強化

　このように収益モデルやマーケティングや販売，組織風土まで，ビジネスモデルが全く異なる。特に組織風土は，組織に所属する人間によって長い年月をかけて習慣化されるものであり，突如として変わるものではない。営業の立場からしても，短期的に売上が上がるプロダクトを販売したほうが，予算達成への近道である。さらに，財務経理やシステム面でも大規模な改修が必要になる。何より事業トップの

意識が変われるかという根深い問題がある。

　例えば，トヨタのサブスクリプション KINTO では，どのような違いがあるのか。

図表 6 - 5 　トヨタの自動車販売と KINTO の違い

	プロダクト販売	KINTO
収益モデル	クルマを作って売る	クルマを使う
ビジネスプラン	新車開発・生産・販売計画	顧客ニーズに合わせて柔軟にプラン追加・変更
営業	毎月目標台数の対面販売	Web 新規サービス契約と顧客満足度向上
パートナーシップ戦略	サプライチェーンでの固定的な連携	業界や規模の大小の垣根を超えたパートナーによる価値提供シナジー
プライシング	新車販売価格設定	顧客のライフステージの変化に合わせた様々なプライシング
マーケティング	新車ブランディング	顧客情報や体験に焦点
財務・経理	製品当たり売上・利益	顧客生涯価値（LTV）
基幹システム	従来 ERP	サブスク用プライシング・契約・請求管理システム
組織風土	ヒット商品	リレーションシップ強化

　収益モデル自体をみても，「クルマを作って売る」から，「クルマを使う」というモビリティサービスから収益を得るモデルへの変革であり，全く異なるモデルである。顧客のライフスタイルやニーズをデータとして収集しながら，柔軟にサービスプランを追加・変更していくことが求められる。営業活動も「売ったら終わり」という考え方から，「契約した日がスタート地点」となり，いかに満足して利用期間を延長してもらえるかといった活動に変わる。

　将来的には，人々が移動するサービスをプラットフォームとして提供すると推測される。そのため，自家用車だけではなく，自動運転ライドシェアや電動スクーターなど，従来では手を組むことがない様々な移動手段とのパートナーシップを構

築する。つまり，トヨタ単体だけでなく連合体として顧客へのモビリティサービスの価値を高めていく必要がある。そのためには，あえてトヨタの名前を外した「KINTO」という別ブランドでの立上げが望ましい。そのほか，現実的には，システム面でも，サブスクリプション用のプライシングや契約・請求・会計が可能な新たな仕組みの構築が必須である。そしてすべてにおいて，アジャイル的なスピード，いわば野心的なベンチャー企業の組織風土が求められる。

　このように，ビジネスモデルが大きく異なる場合は，変革することは困難で，何より時間が必要になる。だとしたら，組織ごと別会社化し，多様な人材を採用し，従来の既成概念や既存システムとは切り離し，本気で試行錯誤しながら顧客中心のサブスクリプション・ビジネスを立ち上げていくほうが，成功確率は高いだろう。

　筆者の勝手な皮算用だが，もしも将来的に全世界で1億人のモビリティ会員を獲得した場合，平均月額単価（MRR）が5万円だとすると，年間で60兆円もの定期収益（ARR）を実現する可能性がある。壮大な夢が現実になる日を期待したい。

(2)　タックスメリット（税制上の優遇措置）

　サブスクリプション・ビジネスを別会社化する理由について，ビジネス視点でみてきた。ではタックス視点でどのような効果があるかをみていこう。詳細は本書の第5章で記載してあるので，そちらをご参照いただきたい。

　前提として，ここ数年間の税制改正では，産業競争力の向上，投資の喚起，ベンチャー育成が大きなテーマとなっている。また，ポストコロナの対策として令和3年度の税制改正では，企業のDX（デジタルトランスフォーメーション）促進税制の創設や活発な研究開発を維持するための研究開発税制の見直しなどが行われている。

　デジタル中心のサブスクリプション・ビジネスを開始する企業にとっては，活用できる優遇税制が今後も増えていくことが予想されるため，ぜひ最新情報をご確認いただきながら上手にタックスプランニングを行っていただきたい。

　サブスクリプション・ビジネスにおいて活用できそうな主なタックスメリットは，次のとおりである（第5章参照）。

① 　連結納税制度の活用（2022年4月からグループ通算制度へ移行）

② 　サブスクリプション子会社が研究開発税制のベンチャー特例を活用

③ 　研究開発税制のオープンイノベーション型の活用

05 持株会社化の手法〜株式移転

　持株会社設立にあたっては，株式交換や会社分割などの手法も想定されるが，ここでは主に用いられる株式移転について説明する。

　株式移転は「一又は二以上の株式会社がその発行済株式の全部を新たに設立する株式会社に取得させることをいう。」（会社法2三十二）とされ，「すべての株式」を新設する会社に移転するのが特徴である。結果として新設の法人が設立され，そこに共同で株式を移転させる手続であることから，「新設株式移転」「共同株式移転」等とも呼ばれ，経営統合や持株会社化の際に用いられる再編手法である。

　株式交換と非常に似ている手続であるが，株式交換は既存法人が新株を発行し，新たに発行した株式と子会社となる法人の株式を交換する手続であるのに対し，株式移転は新設法人（完全親会社）を設立し，まず子会社となる株式を新設法人に移転し，新設法人で発行された株式の割当てを受ける手続である点が異なる。

　常に全株式が移転することから，100％子法人化ができる点や，持株会社の株式を交付するだけなので多額の資金が不要であること，既存法人はそのまま残るため組織変更等も不要である。また，株式交換と異なり新株発行等も必要ないため手続が簡便である点も，メリットとして挙げられる。

終　章

DX 時代のサブスクリプション CFO に求められる役割

01　従来型の PL にこだわらないファイナンス思考

　従来の日本的な経営では成長力が弱まり，GAFA のような企業が日本で生まれにくかった要素として，朝倉祐介氏は著書の中で[1]，ファイナンス思考がないことと PL にこだわりすぎていることであると述べている。第2章，第3章で記載したとおり，日本的な経営では事業損益としての PL を重視し，投資判断に必要な BS や CF 計算書や将来キャッシュフローをあまり重視してこなかったため，短期的な過去の業績指標である PL に縛られ，結果として短期的な損益に目を向け，中長期的な思い切った投資判断が不足していたと考えられる。

　「会社の現在の財産価値（BS）」「今期の単年度損益（PL）」を重視して経営してきた日本的経営に加え，「会社の将来の財産価値」「将来利益・キャッシュフロー」という将来キャッシュフローの最大化を意識することで，新たな未来志向の経営ができるのではないかと考える。その際には日本企業が陥りがちな足し算・積上げの経営ではなく，引き算・逆算の視点が重要になる。効果的な

---

(1)　朝倉祐介『ファイナンス思考：日本企業を蝕む病と，再生の戦略論』（ダイヤモンド社，2018）

投資，将来価値の最大化のためには，投資を小出しにするのではなく大胆に行う必要があり，従来の延長線上で投資戦略を考えたり，戦力（資本）の逐次投入を行ったりするようではダメである。

前述の『ファイナンス思考』でも，「GAFA に共通するのは，短期的には PL 上の数値にはネガティブな影響が出る意思決定をし，将来の成長に向けて果敢に大きな投資をしていること」「主力事業だけでなく，複数事業による継続的な成長性が評価」されていることなど，短期の PL だけでなく将来目線での果敢な投資や新規事業の創設，事業ポートフォリオの入替えなどが行われてきたことが，企業価値の創出に効果的であったことが示されている。

最近は，日本企業でも SaaS 企業中心に，広告投資前であれば黒字化達成をしていることを IR で説明している企業が増加しており，PL にこだわらない将来目線で経営を行う企業も増加している。

02 従来型日本企業の失敗

従来型の日本企業は，PL 重視の思考に囚われてきた。短期的な業績を追い求めるあまり，PL を重視しすぎ，BS や CF を軽視してしまう。つまり，業績をみる際に，時間軸としての視点が欠落していたのである。

最たる事例が，売上高を最も重視する姿勢であろう。いまだに決算直前の押込み販売や値引き販売，循環取引など，利益を軽視し，売上高目標の達成のみに重点を置いた施策が散見される。また，第 4 四半期に売上高のピークが来る会社も多くみられる。循環取引については IT 企業を中心に現在でも散見され，ここ数年でも多くの企業において発覚している。

売上高だけではない。営業利益や経常利益などの利益指標を必要以上に重視してしまうのも，従来型日本企業の特徴である。仮に 1 円でも黒字であった場合，PL には売上高と営業利益・経常利益が上乗せされるため，売上・営業利益・経常利益の絶対額だけを重視した経営を行った場合，その "わずかな黒字" 事業は経営効率が悪かったとしても売却するという判断にはならない。

　営業利益率10％未満の低収益セグメントを抱え込み続けた結果，低収益セグメントの売上高が売上高の90％[(2)]を占めるという「日本企業全体の低収益性」につながっているのである（「新型コロナウイルスの影響を踏まえた経済産業政策の在り方について」経済産業省第26回産業構造審議会総会（2020年6月17日））。

　特に，コロナ禍で従来のような売上が見込めない市場も多くあり，多産多消費型社会から脱却しようとしている今の社会情勢を鑑みると，売上至上主義，PL重視主義という時間軸を無視した経営からは早急に脱却すべきであろう。

　ビジネスモデルの変革とは，従来の「儲ける仕組み」を根本から変革することである。今まで長い年月をかけて築き上げてきたプロダクト開発手法，マス・マーケティング戦略，代理店などの商流，営業手法，業務を支えるシステム群，そして財務経理の収益管理にいたるすべてのバリューチェーンを，大胆に変革する必要がある。これは，硬直的で前例踏襲主義型の歴史ある企業ほど困難であるが，そこから脱却できなければ，従来のプロダクト販売モデルの延長線上でサブスクリプション・モデルを実現しようとしてしまい，失敗を繰り返すこととなる。

図表7-1　サブスクリプション・バレーは深い

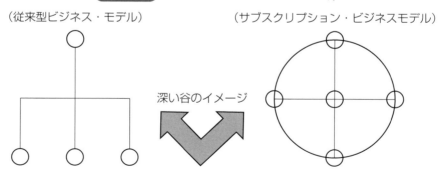

（従来型ビジネス・モデル）　　　　　（サブスクリプション・ビジネスモデル）

深い谷のイメージ

従来の延長線上や＋20％程度のスピードではサブスクリプション・バレーは越えられない

（2）　同資料によると，この割合は，米国企業は3割，欧州企業は7割である。

03 時間軸を加味した将来キャッシュフローの最大化こそが最重要

　ビジネスのポイントは「従来のPLに加え期間概念を加えた将来キャッシュフローの最大化である」。現時点での売上・利益でなく将来にわたる売上の蓄積である将来キャッシュフローの最大化こそが目的である。

　そのために短期的な利益を犠牲にしても，将来キャッシュフローの最大化につながる投資行動は，積極的に実施するのである。M&A等の事業買収，設備投資，広告宣伝，システム開発投資等の投資行動である。前述の朝倉氏の著書でも，リクルートやJTといった企業が海外展開の手段としてM&Aを積極的に活用した例や，子会社の売却を積極的に進めた日立製作所の例，研究開発や新事業領域に赤字であっても投資をし続けたAmazon社の事例などが挙げられている。

　また，日本でも最近MBO（マネジメントバイアウト）が数多く実行されているが，そこで散見されるのが「中長期観点からの投資が必要だが，短期的には業績（PL）の悪化を懸念」といった文言である。

　「短期的には当社の利益最大化に必ずしも直結しない先行投資や，一時的なコスト増となる取り組みも迅速に遂行していく必要が生じる可能性があるところ，これらは当社グループ及び当社グループを含む公開買付者グループ全体の中長期的な成長の観点からは必要となるものの，短期的には当社の少数株主の利益を損なうことも想定されることから，公開買付者は，当社が上場会社のままこれらの施策を実施することは，柔軟かつ迅速な意思決定の観点から懸念がある」（NTTドコモ「当社親会社である日本電信電話株式会社による当社株式等に対する公開買付けに係る賛同の意見表明及び応募推奨に関するお知らせ」2020年9月29日）

　「事業構造改革についての取り組みは，中長期的に見れば大きな成長が見込まれ

る機会であったとしても，それらの施策が早期に当社グループの利益に貢献するものであるとは考えにくく，計画どおりに事業が展開しない事業遂行上の不確定リスクに加え，短期的には収益性が悪化することも懸念」「短期的な当社グループの利益水準や収益性の悪化を恐れ，事業構造改革を縮小する，又は先延ばしにすることは，当社の中長期的な競争力・収益力を弱めることに繋がる可能性があると考え，その上で，当社が短期的な業績変動に動じることなく，機動的に経営課題に対処し，長期的な視点を持って持続的な企業価値向上を実現させていく」（ニチイ学館「MBO の実施及び応募の推奨に関するお知らせ」2020年5月8日）

　このように中長期の成長に対する投資と短期的な業績は必ずしも一致しないため，短期的な業績（PL）に縛られているだけでは中長期の将来キャッシュフローの最大化に対する大胆な投資・変革は望めないのである。

　従来の収益計算は，単価×数量で求めていたが，サブスクリプション・ビジネスにおいては，**「単価×数量×時間」** で求めていくことになる。**「時間」という概念を収益モデルに取り入れる**ことで，いかに解約を防止し，1日でも長く利用してもらえるかが重要になる。

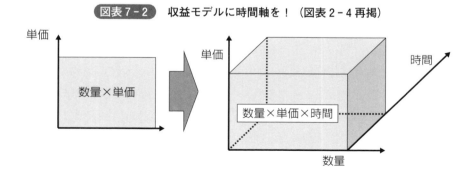

図表 7 - 2　収益モデルに時間軸を！（図表 2 - 4 再掲）

○4 サブスクリプション・ビジネスの投資判断に必要な経営指標

　サブスクリプション・ビジネスを行ううえでは，従来型の財務管理指標だけではビジネスの本当の理解はできない。そのため中長期的な投資要素を踏まえた財務指標を利用し，投資判断やモニタリングに活用することが必要になる。この節では，それらサブスクリプション・ビジネスに有用と思われる投資指標を紹介する。

(1) DCF法

　M&Aや会社の株式評価など，事業価値の算定において，メジャーな方法がDCF（ディスカウンテッド・キャッシュフロー；Discounted Cash Flow）法である。

　将来の会社計画から，おおむね5年程度の予想フリーキャッシュフローを算定し，そこに一定の割引率やリスク値等を加味して現在の事業価値を算定するものだ。つまり，将来のキャッシュフローの合計価額が事業価値であるという考え方であり，サブスクリプション・ビジネスやファイナンス思考での考え方に非常に近いものである。

【事業価値＝将来キャッシュフローの合計額】
【フリーキャッシュフロー＝税引後営業（経常）利益＋減価償却費－設備投資－運転資本増加額】

　将来キャッシュフローの合計額は，〈一定期間のキャッシュフローの合計額＋売却（永続）価値（ターミナルバリュー）の合計額〉で表され，計画期間中で稼得するキャッシュの合計額に，継続企業を前提に計画終了時点における価値を足したものとされる。

　キャッシュフローやターミナルバリューの計算にあたっては，一定の割引率で割って算出される。割引率は，評価対象企業の自己資本コストと負債コスト

の加重平均により計算した「加重平均資本コスト（WACC：Weighted Average Cost of Capital）」（後述(4)参照）と呼ばれる割引率を使う方法が一般的である。

(2)　EBITDA

EBITDA（Earnings Before Interest Taxes Depreciation and Amortization）とは，償却前営業利益のことである。税引前利益に支払利息，減価償却費を加えて算出された利益を指す。本業によるキャッシュフローの創出能力を示す指標であり，税引前利益から投資額とその支払利息の影響を取り除くことで設備投資の影響を受けない指標であり，会社の事業自体の利益獲得力の評価指標として，M&A 等の投資判断において重要視される指標である。

【EBITDA＝経常利益＋利息（支払利息－受取利息)＋減価償却費】
（【EBITDA＝営業利益＋減価償却費】）

(3)　ROIC

ROIC（Return on Invested Capital）とは，投資資本利益率のことで，企業と債権者（銀行など）から調達したお金に対して，どれだけ効率的に利益を上げることができたかを測定する財務指標である。

税引後営業利益を投下資本で割ることで求められる指標であり，事業活動のための投下資金によりどれだけ効率的に利益を稼得できているのかを判断する指標である。

収益力評価指標として採用する企業も増えており，日立物流は事業評価の判断基準として WACC・ROIC を採用しており，CFO メッセージの中でも PL 中心の短期的思考から脱却し，持続的な成長を重視する経営に転換するためであるとしている。

日立物流 CFO 林伸和氏は「ROIC 経営による持続的な企業価値向上をめざし，『現場』と経営を橋渡ししていきます。」としたうえで，「2018年度からは，資

本効率をさらに高めるための取り組みとして，WACCを基準としたROICを
KPIとする事業評価の仕組みを予算プロセスや投資評価の判断基準に導入しま
した。その理由は，持続的な企業価値向上のためには，PL（損益計算書）中
心の短期的思考から脱却し，BS（貸借対照表）や資本効率を意識する姿勢を
グループ内に浸透させる必要があるためです。」として，経営指標としての
WACC/ROICを重視している（「CFOメッセージ」2020年3月期「統合報告
書・アニュアルレポート」）。

　似たような指標としてはROA・ROEなどがあるが，ROA（Return On As-
sets：総資本利益率）は買掛債務等の支払サイトの調整などで数値が変わって
しまうのに対し，ROICはその影響を取り除いているので事業の効率性を正確
に計測できる点が異なる。

　ROE（Return On Equity：自己資本利益率）は利益を向上させなくても自
己株式の買取等の財務戦略の変更で数値を引き下げることができるが，一方で
純粋に本業の事業収益力を測定するための数値がROICであるといえる。

　また，WACCとの関係性については，ROICの分母には投下資本が使われ
ており，ROICに対するコストはWACCとなる。結果として企業が，金融機
関や投資家が要求するリターン以上にROICを稼げているかどうかによって，
その事業の収益性が適正な水準にあるかどうかが判断されることになる。

　つまり，企業の本業の稼ぐ力に直結した経営指標であり，資本市場・資本効
率を意識した経営指標であることで，収益性の低い資産やノンコアの資産と
いったようなバランスシートのスリム化・効率化につながる指標である。

ROIC（投下資本利益率）
　＝税引後営業利益（NOPAT）÷投下資本（IC）
　＝{営業利益×（1−実効税率）}÷（株主資本＋有利子負債）

(4)　WACC

　WACC（加重平均資本コスト：Weighted Average Cost of Capital）は，企

業が達成すべき投資利回りの基準になる数値であり，株主資本コストと負債資本コストを加重平均して求める。企業買収や企業評価をする際などに用いられる。

　企業の事業運営資金には負債と株主資本があり，それぞれ金利や配当金など，調達のためのコストが必要となるが，WACC は，株主資本にかかるコストと，負債にかかるコストを加重平均する考え方で，その会社の総合的な資金調達コストを示すものである。つまり，資金調達コストと利益から上がる投資利回りを比べることで，投資判断や事業成績の判断に用いるものである。

〈計算方法〉

$$WACC = r_E \times \frac{E}{E+D} + r_D(1-T_C) \times \frac{D}{E+D}$$

r_E ：株主資本コスト
r_D ：負債コスト
E ：株主資本
D ：負債
T_C：実効税率

(5)　まとめ

　サブスクリプション・ビジネスを行ううえでは，従来型の財務管理指標だけではビジネスの本当の理解はできない。そのため中長期的な投資要素を踏まえた財務指標を利用し，投資判断やモニタリングに活用することが必要になる。

　1 点目は DCF 法で，M&A や会社の株式評価など事業価値の算定において，メジャーな手法である。将来のキャッシュフローの合計額が事業価値であるという考え方であり，サブスクリプション・ビジネスやファイナンス思考での考え方に非常に親和性が高い。

　次に，本業によるキャッシュフローの創出能力を示す指標である EBITDA

を紹介した。税引前利益から投資額とその支払利息の影響を取り除くことで設備投資の影響を受けない指標であり，会社の事業自体の利益獲得力の評価指標として M&A 等の投資判断において重要視される指標である。GAFA は EBITDA つまり投資の影響を除く指標を基礎指標として判断し，日本企業は投資の影響を減価償却費等で受ける PL の利益で経営判断した。その結果，日本企業の投資は中途半端なものに終わり，GAFA の後塵を拝することになったのである。

　3つ目に ROIC を紹介した。株主と債権者（銀行など）から調達したお金に対して，どれだけ効率的に利益を上げることができたかを測定する財務指標である。WACC・ROIC を採用することで，PL 中心の短期的思考から脱却し，持続的な成長を重視する経営に転換するために重要な指標である。

　最後に WACC を紹介した。資本にかかるコストと，負債にかかるコストを加重平均する考え方で，その会社の総合的な資金調達コストを示すものである。つまり，資金調達コストと利益から上がる投資利回りを比べることで，投資判断や事業成績の判断に用いるものである。

　この4つの指標に共通することは，PL 中心の短期的な視点で判断をしていないということである。投資の影響を除いた利益を指標とすることで，大胆な投資判断が可能となる。その一方で投資によるキャッシュフローの創出力を測り，投下資金によりどれだけ投資効率よく利益創出できたのかを考えていく。そのための管理指標として，DCF，EBITDA，ROIC，WACC という4つの指標が有効である。

　これらの根底にあるのは，「大胆な投資」を可能としつつ，それにより効率的にかつ時間軸を加味した「将来キャッシュフローの最大化を図る」という考え方である。

05　DX時代におけるサブスクリプション CFO の役割

　サブスクリプション・ビジネスにとって重要なのは，サブスクリプション・

ビジネスに精通した「**サブスクリプション CFO**」のような役割を持つコントローラーの存在である。

　日本ではどうだろうか。一部のベンチャー企業を除いてサブスクリプション・ビジネス変革の担い手は，新規事業推進部門などのビジネス部門が中心で，財務経理部門や外部支援機関が積極的に関与する姿をみることは非常に少ない。また関与したとしても，経理処理や収益管理が煩雑になるという理由から単なる割賦販売を推奨したり，短期的な損益計算書ベースでサブスクリプション・ビジネスを過小評価したりと，変革に対してネガティブな考えを持つ方が多いように感じる。

　つまり，サブスクリプション・ビジネスが持つ本源的な価値である「**長期にわたる将来キャッシュフローの最大化**」というコンセプトへの理解が不足している。PL に過度に縛られ，短期的な視点を重視するあまり，長期的な視点・時間軸の視点が欠け，必要十分な投資を行うことができていない。こうした問題から抜け出せず，サブスクリプション・バレーともいうべき深い谷に落ち，這い上がれないケースが多い。

　今まで述べたように，サブスクリプションは顧客中心のビジネスモデルである。顧客のニーズは一定ではなく，時間とともに常に変化するものであり，さらに競合他社や取り巻く市場環境も日々高速に変化し続け，予測不可能な時代に突入している。

　そうだとすると，サブスクリプション・ビジネスにおける重要なケイパビリティの1つは，変化への素早い対応力（アジリティ）である。従来の物販中心の時代のように，一度決めた価格は変更しない，むしろ変更することは悪であるという固定的な考え方から，顧客ニーズや市場変化に対して柔軟にサービスやプライシングを変更するというアジャイル的な考え方に変化する必要がある。そして，当然ながらそのプライシングが変更された際には，即座に請求・回収・会計などのオペレーションも変更することが求められる。

　想像していただきたい。顧客ニーズに対して柔軟かつ高速にサービスやプライシングをアジャストできる組織と，顧客ニーズと全く異なるプライシングを

「ダイナミック・ケイパビリティ」とデジタル化

● **不確実性の高い世界**では、環境変化に対応するために、**組織内外の経営資源を再結合・再構成する経営者や組織の能力（「ダイナミック・ケイパビリティ」）**が競争力の源泉となるとの理論。
● 競争力の構成要素が、「オペレーション」、「管理」、「ガバナンス」ではなく、**「感知」、「捕捉」、「変容」**にあると、着眼点を転換。**デジタル化がこれらの構成要素を強化**する。

「ダイナミック・ケイパビリティ」とデジタル化

	オーディナリー・ケイパビリティ	ダイナミック・ケイパビリティ
目的	技能的効率性	顧客ニーズとの一致 技術的機会やビジネス機会との一致
獲得方法	買う、あるいは構築（学習）する	構築（学習）する
構成要素	オペレーション、管理、ガバナンス	**感知、捕捉、変容**
ルーティン	ベスト・プラクティス	企業固有の文化・遺産
経営上の重点	コストコントロール	企業家的な資産の再構成とリーダーシップ
優先事項	「ものごとを正しく行う」	「正しいことを行う」
模倣可能性	比較的模倣できる	模倣できない
結果	効率性	イノベーション

デジタル化の取組事例
● データの収集・連携
● AIによる予測・予知
● 3D設計やシミュレーションによる製品開発の高速化
● 変種変量
● 柔軟な工程変更

（出典）D.J.ティース「ダイナミック・ケイパビリティの企業理論」（中央経済社、2019年）図表5-1を一部改変
（出所：「新型コロナウイルスの影響を踏まえた経済産業政策の在り方について」経済産業省第26回産業構造審議会総会（2020年6月17日））

提供せざるを得ない硬直的な組織の，どちらのビジネスが成功するだろうか。答えは明白であり，変化に柔軟に対応できる組織である。いくらあなたのビジネス部門やサービスが優れていても，経理財務部門などのコントローラー部門が硬直化していると，そこがボトルネックになる可能性がある。逆にいうと，コントローラー部門のアジリティ力そのものが，顧客満足度を高め，持続的に収益を増やすうえで重要な要素である。そのためにも，別ユニットの中で全社的なCFOとは独立した「サブスクリプションCFO」を中心とするサブスクリプション・ビジネスに特化したコントローラー部門が必要である。

　本質的に求められるべきは，短期的な利益を犠牲にしても，将来キャッシュフローの最大化につながる投資行動を積極的に実施することなのである。深い谷を一気に超えるための大胆な行動，M&A等の事業買収，設備投資，広告宣伝，システム開発投資等の投資行動である。中長期の成長に対する投資と短期的な業績は必ずしも一致しないため，短期的な業績（PL）に縛られているだ

けでは，中長期の将来キャッシュフローの最大化に対する大胆な投資・変革は望めない。特に，サブスクリプション・ビジネスにおいては，その重要性は非常に高い。"びびって"投資行動を小出しにしたりしていると，深い谷（サブスクリプション・バレー）にあっさりと落ちてしまうのである。

　サブスクリプション・ビジネスの考え方や収益管理方法を正しく理解し，ビジネス部門や経営陣に対して，ビジネスプランや投資判断そして組織再編などを含めて的確な洞察を与えることができれば，日本でも多くの変革の成功事例が生まれるのではないだろうか。また失敗を未然に防ぐこともできるのではないだろうか。

　この「サブスクリプションCFO」の役割こそが，サブスクリプション・ビジネスの成功の可否を分ける重要なケイパビリティとなるのである。これからの時代は「サブスクリプションCFO」を中心としたコントローラー部門の設置は必須になる。

図表7-4　サブスクリプションCFOの役割

・定額制や従量課金など独自のプライシング設定
・定期的な検証と柔軟なプライシング変更
・サブスクリプションのオペレーション管理（顧客管理，請求，回収，会計処理）
・サブスクリプションKPIの設定と把握
・サブスクリプション独自の収益管理
・サブスクリプション独自の大胆な投資判断
・組織再編とタックススキームの立案
・的確な組織形態の選択
・機動的な組織再編
・グループ全体でのタックス・ストラテジーの立案

【著者紹介】

吉村　壮司（よしむら　たけし）〈執筆担当：第1部〉

福岡市出身。2000年横浜国立大学経営学部卒業，英国国立ウェールズ大学院（MBA）修了。

国内，外資系IT企業にて数多くのサブスクリプション・ビジネスの新規立上げに従事。

2018年に世界最大のサブスクリプション・プラットフォーマーであるZuora Japanに入社し，アカウントエグゼクティブとして国内製造業・メディア・流通業など200社を超す企業へサブスクリプション・ビジネス変革やバックオフィス業務改革の提案を行う。

現在は，New Relic株式会社にて製造業全般のDXを成功に導くべく世界最大のオブザーバビリティ・プラットフォームの日本展開に従事。また，サブスクリプション・ビジネスの新規立上げ企業向けの実務アドバイザリーなどを実施。

畑中　孝介（はたなか　たかゆき）〈執筆担当：第2部〉

北海道長万部町出身。1996年横浜国立大学経営学部卒業，同年武藤会計事務所（現税理士法人無十）入所。2015年ビジネス・ブレイン税理士事務所設立，所長。㈱ビジネス・ブレイン・㈱BBHD代表取締役。

中小中堅企業のコンサルティング業務として事業承継や組織再編，グループ財務コンサルティング，ベンチャー支援から大手・上場企業の連結納税コンサルティング業務や組織再編アドバイザー業務を行っている。事業承継，M&A，グループ財務戦略・組織再編・戦略的税務等のセミナー講師や新聞雑誌等への執筆多数。

著書に『税務に強い会社は成長する！』（共著，大蔵財務協会），『企業グループの税務戦略』（TKC出版），『消費税「95%ルール改正」の実務対応』『令和3年度税制改正のポイント』（いずれも共著，TKC出版）など著書多数。

事務所　ビジネス・ブレイン税理士事務所
　　　　株式会社BBHD
　　　　株式会社ビジネス・ブレイン
　　　　株式会社BBインキュベート
　　　　〒105-0012　東京都港区芝大門2-4-6　豊国ビル8階
　　　　TEL　03-6435-6618　　FAX　03-6435-6627
　　　　メールアドレス　cools@tkcnf.or.jp
　　　　ホームページ　https://www.business-brain.com

CFO のための
サブスクリプション・ビジネスの実務

2021年10月10日　第1版第1刷発行
2024年3月1日　第1版第4刷発行

著　者　吉　村　壮　司
　　　　畑　中　孝　介
発行者　山　本　　　継
発行所　㈱中央経済社
発売元　㈱中央経済グループ
　　　　パブリッシング

〒101-0051　東京都千代田区神田神保町1-35
電話　03 (3293) 3371 (編集代表)
　　　03 (3293) 3381 (営業代表)
https://www.chuokeizai.co.jp
印刷／昭和情報プロセス㈱
製本／侑 井 上 製 本 所

©2021
Printed in Japan

ISBN978-4-502-39231-3　C3034